LE NOUVEAU MACHIAVEL,

OU

LETTRES

SUR LA POLITIQUE

SUIVIE

DE LA

PROFESSION DE FOI

D'UN CITOYEN,

PAR J. F. SOBRY, Avocat en Parlement, Commis au Contrôle - Général.

1788.

LETTRE

DE L'AUTEUR

DU

MODE FRANÇOIS,

Où est agitée la Question des Assemblées Provinciales.

LETTRE

DE L'AUTEUR

DU

MODE FRANÇOIS,

Où est agitée la Question des Assemblées Provinciales.

A Paris, le 19 Avril 1787.

Vous desirez, Monsieur, que je réponde aux objections que vous avez entendu faire contre mon Discours sur nos usages ; & vous croyez qu'après avoir fait l'apologie de ma Nation, il est encore nécessaire que je fasse la mienne, & que je me justifie devant ses détracteurs ? Si l'on veut y regarder, je me flatte qu'on trouvera ma réponse dans mon Discours même : cependant, s'il faut quelques dé-

A 2   veloppemens

veloppemens de plus pour satisfaire d'honnêtes paresseux qui demandent de bonne-
foi à être éclairés, je suis prêt à reprendre
la plume, & à leur démontrer que les
principes patriotiques que j'ai établis, abondent en preuves solides & en résultats
heureux ; qu'il n'y a qu'une prévention
aveugle qui puisse nier.

On se plaint de ce que toutes mes des-
criptions ne portent que sur des choses
communes, & sur des faits connus de
tout le monde. J'aime mieux, Monsieur,
avoir tiré des choses les plus communes
des considérations intéressantes, que d'a-
voir pris, comme tant d'autres, un sujet
extraordinaire, pour le traiter d'une maniere commune. Quant à la grande notoriété de tout ce que j'ai rapporté &
rassemblé, je répondrai que les faits qui
servent de matiere à l'Histoire universelle
étoient bien plus notoires, & que cependant personne ne s'est avisé de trouver
mauvais que Bossuet les ait présentés en
un seul tableau, & les ait rapportés à
des

dès principes communs. Ce que Boſſuet a fait pour l'Egliſe, je l'ai entrepris pour la Patrie. S'il n'y a point de parité dans les talens , il n'y a pas au moins de diſparité dans la grandeur de l'intention.

Vous me dites que pluſieurs Auteurs réunis s'occupent à donner au Public une deſcription de tous les offices de France, en dix volumes, ouvrage par ſouſcription, qui rentre dans le mien, & qui lui fera néceſſairement tort. Je réponds d'abord que la matiere de mon Diſcours n'eſt donc pas ſi commune & ſi mépriſable, puiſque des Juriſconſultes diſtingués, & un Littérateur eſtimable, ont cru devoir ſe réunir pour la traiter : mais j'ajoute que ces Ecrivains ne feront point de tort à mon ouvrage, & que mon ouvrage leur nuira encore moins. Nous aurons tout vu, tout expoſé, tout diviſé diffé‑remment. D'ailleurs, je ne préſente qu'un abrégé. Les abrégés font ſouvent deſirer les livres plus détaillés ; comme auſſi les livres détaillés font recourir aux abrégés.

On

On veut avoir de tout ; & rien ne se ressemble. Ces Messieurs ont entrepris de décrire tous les offices ; & je ne parle que de ceux qui tiennent à l'essence de la constitution, & qui doivent toujours exister, soit sous un nom, soit sous un autre. Je ne suis même entré dans les détails, qu'autant qu'ils m'ont servi à développer quelque principe utile.

On m'accuse de n'avoir pas dit toujours ce qu'on fait actuellement. Ma réponse à cela est facile. C'est parce que tout ce que l'on fait actuellement n'est pas l'usage général, n'est pas celui qui correspond avec l'esprit de la Nation, & toutes ses autres relations. Je me suis chargé de dire, non ce que l'on fait momentanément contre la raison & contre le droit public, parce que tel Administrateur a tel système ; mais j'ai entrepris d'exposer ce que l'on a fait ci-devant avec raison, ce que le sens national fait desirer qu'on fasse aujourd'hui, & ce qu'à coup sûr on fera demain. Il y a plus ; ce que l'on

doit

doit faire, j'ai dit affirmativement, en plus d'un lieu, qu'on le faisoit ; parce que, nourri dans le travail de l'administration, je sçais que l'on y tend, que l'ensemble des choses demande qu'on le fasse, qu'il est certain qu'on le fera incessamment ; & j'ai voulu par-là rendre complet un ouvrage que j'ai fait pour la postérité, autant que pour mes contemporains.

Je suis, dites-vous, entré dans des détails minutieux. Cela peut être. Mais cela ne m'amenoit-il pas, comme je l'ai dit, à quelque grande vérité ? Ces détails ne m'ont-ils pas souvent servi de passage à des réflexions importantes ? Ne m'étoient-ils pas nécessaires pour completter mon sujet ? Idoménée & Mentor, dans un écrit immortel, ne distribuent-ils pas les maisons de Salente ? Les petits objets placés à propos ne délassent-ils pas l'attention qui se rebuteroit d'être trop long-tems élevée aux grands ? Et d'ailleurs le Lecteur doit-il être fâché de rencontrer

l'homme

l'homme dans l'Ecrivain, & d'avoir quelque grace à lui faire. Pour moi, je me plaisois en écrivant à compter sur sa bonhomie.

Au reste, Monsieur, je plains ceux qui n'ont de goût qu'aux choses vagues & générales ; je plains aussi les Ecrivains qui veulent contenter de pareils gens. A force de s'occuper des choses en gros, on ne découvre bientôt plus rien. Sans doute il ne faut pas mettre les poissons aux fenêtres ; mais il faut décrire sensiblement les objets, & indiquer tout ce qui en forme l'ensemble. L'on ne boit, ni l'on ne mange dans toute la Henriade ; le Poëte eût répondu que l'on sçait bien que les Héros ne vivent point sans manger. Mais le Lecteur veut suivre autant qu'il peut, ceux qu'on lui présente avec tant d'intérêt ; il veut connoître leurs usages, ceux de leur tems ; & après plus de deux mille ans, on entend encore avec plaisir dans l'Odyssée, la vieille Euriclée qui ferme

la

la porte de la chambre de Télémaque,
& qui en laiſſe tomber le loquet.

On oſe me blâmer d'être royaliſte!
Eſt-il, Monſieur, de bon François qui
ne le ſoit? Il n'y a qu'une cabale incon-
ſidérée, formée par tous les écrits ſédi-
tieux qu'on répand depuis dix ans, qui puiſſe
entreprendre de jetter du ridicule & de
l'odieux ſur le Gouvernement royal. Il
eſt bizarre que cette faction oſe ainſi ſe
montrer au milieu d'un Royaume auſſi
éclairé ſur ſes vrais intérêts. Mais quand
on s'abuſe une fois ſur les principes, il
n'eſt pas étonnant qu'on aille de chute
en chute dans les conſéquences, & que
l'excès de l'erreur amène enfin à l'excès
de l'audace & de la fureur.

Oui, Monſieur, je penſe que la Monarchie abſolue & pure eſt le plus parfait & le
plus excellent des Gouvernemens en général, qu'il eſt le plus parfait & le plus excellent pour nous en particulier, que tout ce
qu'il y a en France d'honnêtes gens & de
bons citoyens regarde l'unité & le maintien

de

de l'autorité, comme les garans de la tranquillité publique & de la prospérité de l'Etat; je pense que tout ce qui tend à mettre de la division dans l'exercice de l'autorité, tout ce qui tend à altérer la confiance que les François ont toujours eue dans leurs Rois, est contraire à notre bonheur & à notre gloire & ne peut nous avoir été suggéré que par les ennemis secrets qui se font de tout tems glissés dans le sein même de cet Etat.

Et l'on ne peut point pour cela m'accuser justement de prêcher le despotisme; parce que là où il y a des formes à observer, il ne peut jamais y avoir de despotisme. Et quand je n'aurois fait que rappeller l'importance de notre loi fondamentale qui ordonne l'observation des formes; quand je n'aurois relevé que ce principe, dans un moment où l'on cherche à tout remettre dans la confusion, je croirois par-là seulement avoir infiniment mérité de la Patrie. Tant que les formes seront gardées, la liberté Françoise fera

toujours

toujours fauve, malgré la toute-puiſſance
du Roi. C'eſt par leur obſervation ſeule que
l'autorité du Monarque ſera toujours ſolide,
& la liberté du Peuple toujours aſſurée.

Les anciens Egyptiens, les Macédoniens
étoient certainement des Peuples libres
& policés ; & ces Peuples étoient gou-
vernés par des Rois. J'ai prouvé, Monſieur, que dans un Etat monarchique bien
réglé, qu'en France il y a plus de liberté
& de politeſſe que dans quelque République qu'on puiſſe citer. Mais en louant
notre adminiſtration en elle - même, je
n'ai pas prétendu que nous n'aurions pas
quelquefois de mauvais Adminiſtrateurs,
des momens de malheur, de foibleſſe
& de confuſion. Alors il ne faut pas attribuer au régime les fautes des Régiſ-
ſeurs. Il faut ſçavoir attendre des momens
plus heureux, ſe ſoumettre aux circonſtances fâcheuſes, & toujours ſentir qu'elles
ſont moins critiques dans les Monarchies
que dans les Républiques.

Dans les Républiques il y a un grand

vice

vice à mon gré ; c'eſt la prévention du
Peuple pour les gens en place. La haute
idée que le Peuple a de lui, l'amene à
en avoir toujours une grande de ceux
qui le gouvernent. On ſçait cependant
qu'il y a parmi les Adminiſtrateurs républicains beaucoup de ſots, tout comme
ailleurs ; mais ce qu'il y a de malheureux,
c'eſt que le reſpect qu'on s'accoutume à
avoir pour eux rend toutes leurs ſottiſes
ſérieuſes. Pour des riens, voilà des fac-
tions, des aſſaſſinats, des dévaſtations,
des guerres civiles. Dans une Monarchie
libre comme la nôtre, arrive-t-il en place
des imbéciles ou des étourdis ? on ſe
moque d'eux, on les croiſe, on les en-
veloppe dans leurs propres folies, & on
leur fait à la fin quitter priſe. L'autorité
auroit beau vouloir les ſoutenir, quiconque
s'eſt fait mépriſer ne peut plus lui être
bon à rien ; il faut qu'elle l'abandonne.
Nous ſçavons eſtimer le mérite & la vertu,
lorſqu'ils paroiſſent dans les places ; mais
les plus grandes ne ſçauroient ſervir d'abri

à

à l'ineptie. Le bruit public retentit jufqu'au Monarque qui finit par voir comme
fon Peuple. Notre refpect conftant & in-
défini eft réfervé feulement pour la Majefté Royale, gage facré de la tranquillité
publique.

C'eft mon attachement conftant au principe de l'unité de l'autorité dans notre Monarque qui m'a fait condamner fi hautement
dans mon Difcours l'établiffement des
Affemblées Provinciales. Et c'eft, me dites-
vous, une des chofes dont les gens que
vous avez entendus, me fçavent le plus
mauvais gré. Je dois ici me juftifier dans
le fait, & développer davantage mes raifons dans le droit.

Dans le fait je femblerois avoir quelque
tort, puifqu'un Miniftre vient de propofer
ces établiffemens avec l'approbation du
Roi. J'obferve d'abord que mon Difcours
a été compofé en 1786; que l'impreffion
en a été achevée en Décembre de la même
année, que cet ouvrage eft refté foit dans
les glaces de la Hollande, foit dans les

liens

liens de je ne sais quelle intrigue, jusqu'en Février 1787, où il en a percé quelques exemplaires, & qu'en conséquence
je n'ai point à me reprocher d'avoir con-
trarié des projets qu'il m'étoit impossible
de prévoir de si loin. J'ai encore à ajouter,
quant au fait, que le Roi n'a jusqu'à présent donné aux administrations provinciales
qu'une apparence d'approbation, puisqu'il
a assemblé un Conseil extraordinaire de
cent quarante Personnes, pour leur en
demander leur avis, & que cet avis reçu
il reste encore à sçavoir si le Roi persis-
tera à l'adopter, & si les représentations
ultérieures des Parlemens n'en dégoûte-
ront pas Sa Majesté, lors de l'enregistrement indispensable de ces établissemens.
Tous ces points étant encore indécis dans
ce moment, laissent paroître la proposition
des administrations provinciales, comme
une simple question de droit public, qui
peut être agitée par tout le monde. Ces
vérités posées appuyent d'autant plus ce
que j'ai à ajouter à ma défense quant au droit.

Pour

(15)

Pour me justifier dans le droit, j'observe avant tout que, l'Abbé de Saint-Pierre a proposé de donner en France toutes les places par scrutin ; que, lorsque M. d'Argenson a proposé d'établir des administrations provinciales, ces honnêtes citoyens aussi aveugles que bien intentionnés, (& c'étoit assurément être aveugle au dernier point) ne proposoient rien moins que de renverser de fond en comble la constitution de l'Etat, de changer chez nous la Royauté en une sorte de présidence aristocratique, de substituer l'abus des cabales, qui est éternel, aux abus de l'autorité, qui ne sont que momentanées.

D'abord, le caractere François répugne aux formes républicaines. Le François n'est point naturellement publiciste : il l'est par intention, lorsqu'il forme un projet constant de l'être, qu'il veut faire son état de servir sa Patrie dans l'administration, comme lorsqu'il s'en fait un de la servir dans le militaire & dans la judicature ;

&

& alors il eſt meilleur publiciſte qu'un autre. Hors ce cas, les principes politiques des François ſe bornent à trois ou quatre points généraux : c'eſt l'amour du Roi, l'amour de la liberté, le deſir de la gloire & de la proſpérité publique, & ſur-tout le ſoin de contribuer au bien général, en ſoignant ſes affaires particulieres, & en faiſant proſpérer ſa propre maiſon. Il n'y a pas de François qui ne ſacrifie ſes biens & ſa vie à ſa Patrie dans une occaſion importante ; mais une attention habituelle à la choſe publique l'importune, à moins qu'il n'en faſſe ſon état. Peu diſpoſé à s'en mêler activement, il ſe contente d'y influer paſſivement par une opinion vivement ſoutenue, par la juſte approbation qu'il ſçait donner à tout ce qui lui eſt avantageux, par la noble réſiſtance qu'il apporte à tout ce qui lui nuit ou lui déplaît. Perſonne ne diſconviendra que tout pere de famille, de bon ſens, fuit chez nous la chaîne des affaires publiques, & laiſſe courir cette chance

aux

aux intriguans , aux esprits inquiets &
remuans, qui sont ordinairement incer-
tains dans leurs propres affaires.

Il est si vrai que le pere de famille
François craint les charges publiques momentanées, qu'il ne tient que du Peuple ;
qu'on a été obligé de mettre à vie les
places municipales dans les petites villes,
pour trouver des personnes sortables qui
voulussent les remplir. Il est si vrai que c'est
le goût des François, de tenir les offices de la
seule autorité & d'en faire sa propre chose,
que ceux qui, outre l'agrément du Roi, ont
encore une finance qui les assure comme
contrats, sont regardés comme plus solides , sont plus recherchés, sont plus esti-
més que ceux qui sont en simple commis-
sion. Il est si reconnu qu'il faut maintenir l'unité de l'autorité en France, qu'on
a réglé, pour les grandes places qui sont
d'une nature élective, de présenter plusieurs
personnes au Roi, parmi celles qui sont
élues , pour que le choix du Prince
prime toujours & sanctionne celui des

C   citoyens.

citoyens. Cette néceſſité enfin eſt ſi reconnue, qu'après l'abolition du régime
féodal, après que les Etats des trois ordres qui ſe tenoient dans les Provinces
ont été changés en des compagnies de
prud'hommes élus parmi le tiers-état,
on a encore été obligé d'eriger en titre
d'office ces compagnies qui conſervent
aujourd'hui le nom d'Election.

Il n'y a donc que des gens entichés
de principes étrangers, qui puiſſent avoir
ſuggéré les aſſemblées provinciales, &
les adminiſtrations électives, ſoit ariſto-
cratiques, ſoit démocratiques. Et les cris
qu'on a faits contre la vénalité des offices
partoient des mêmes idées. Le mot odieux
de vénalité qu'on a employé pour exprimer la finance des offices, n'a ſervi qu'à
donner le change au Public, ſous une forme
qui lui convient dans un Etat monarchique,
où la propriété eſt le plus ſacré des liens.

Certainement nous ne voudrions pas
revenir aux tems de nos Etats généraux
& de nos anciennes aſſemblées; & s'il
étoit

en effet contraire à notre caractere &
à notre constitution que les choses
fussent comme elles sont ; comment se
fait-il que ce soit depuis qu'elles sont ainsi,
que nous sommes arrivés à notre plus haut
point de force, de gloire & de bonheur ?

Si donc les Intendances ont des abus,
elles conservent au moins l'unité de l'autorité, & la possibilité de réformer ces
abus d'un moment à l'autre. La France
sera-t-elle donc mieux gouvernée, lorsque
l'administration se sera mise sur les bras
tous les intriguans des Provinces qu'elle
ne pourra plus modérer, ni repousser,
sans mettre tout en combustion ?

Vainement diroit-on que le Roi ne leur
donnera que la portion d'autorité qu'il
voudra, & qu'avec cinq cens mille hommes il sera toujours maître d'en imposer
à ces assemblées ; lorsque le Peuple est
assemblé, remué & aveuglé par des brouillons, il ne regarde plus au droit, ni à la
puissance. Et d'ailleurs on ne doit jamais
mettre le Gouvernement dans le cas d'user

C 2

de

de sa force contre lui-même. Les plus légeres de ces secousses, quelle qu'en soit l'issue, sont toujours mises au rang des crimes & des malheurs publics.

Les Assemblées provinciales ne sont point en effet desirées par le gros de la nation. Ceux qui les attendent & qui les desirent, sont quelques ambitieux du second ordre, qui voyant trop de passages fermés à leurs menées, croyent trouver dans ce bouleversement général, des moyens de faire enfin un personnage. Ce sont quelques citoyens honnêtes, mais enivrés d'un livre spécieux sur l'Administration des Finances, dont ils n'ont point été à portée de connoître les bévues. Mais ce sont sur-tout les hanteurs de cafés & de clubs, qui vont prêchant ce système par-tout, uniquement parce qu'il tend à tout blâmer & à tout renverser, & qu'une apparence de bien public permet à toute fin de le soutenir. Leur effervescence étouffe bien pour un moment l'opinion publique, mais heureusement elle ne la

forme

forme, ni ne la dirige. Elle est plus bruyante qu'elle, mais elle n'est pas durable comme elle, & la prudence en triomphe à la fin. Certainement des assemblées de cafés, presque toutes composées de gens qui ont des travers, qui ne pouvant être supportés dans des compagnies polies, sont réduits à chercher de la société dans ces asiles publics, des clubs, institution imitée d'une nation à demi-barbare, qui étant sans communication avec elle-même, a besoin de pareils rendez-vous pour y agiter ses intérêts civils: tous ces conciliabules ne prévaudront jamais sur les sociétés vraiment nationales, que les devoirs civils forment dans les maisons des citoyens: sociétés où la présence des femmes entretient la politesse, prévient les emportemens, épure les idées, & où ce sexe délicat, que nous aimons tant à y voir dominer, semble se plaire à nous récompenser de cette déférence, en n'accordant ses suffrages qu'à la raison, au mérite & aux vertus.

Voilà, Monsieur, où l'on retrouvera la

voix

voix publique, & l'opinion de la nation
parmi les citoyens diſtingués. Voilà où l'on
trouvera tous les cœurs portés à l'unité
de l'autorité du Roi, & ne deſirant que
le bon choix de ceux à qui il la confie.
Parmi le bas peuple, ce ſont les halles,
ce ſont les marchés qu'il faut ſavoir inter-
roger ; & l'on n'y trouvera à coup ſûr que
des gens qui diront au Gouvernement de
faire ſes affaires, & de leur laiſſer faire
tranquillement les leurs.

On a imprimé qu'on avoit vu de habitans des campagnes *paître & diſputer
l'herbe aux troupeaux étonnés.* On devoit
ajouter que c'eſt dans un pays d'aſſemblée
publique, dans un pays d'Etats provinciaux,
en Bourgogne enfin, que cette oppreſſion
eſt arrivée. Peuples à qui l'on promet des
aſſemblées, ſouvenez-vous que du jour que
vous en aurez, toute ligne ſera interrompue
entre vous & le Monarque, plus de réclamation contre vos oppreſſeurs, plus de
reſſources, plus de changement de régime ; vos tyrans ſeront cenſés être de
votre

votre choix , feront cenfés être vous-mê-
mes , & tous vos maux feront fans remede.

Ajoutons que fi les adminiftrations provinciales prennent, les citoyens fe dégoû-
teront bientôt des offices royaux. Content
de faire un perfonnage politique dans fa
province , un propriétaire fe déterminera
difficilement à fuivre les grades pénibles
du fervice, ou à embraffer les fonctions
laborieufes de la judicature. Je ne parle
point ici des places de l'adminiftration
royale, car elles feront déformais odieufes.
Et il n'en fera pas alors des affemblées
provinciales comme des grades munici-
paux, qui font prefque fans fonction, &
qui fe fubordonnent naturellement à toutes
les magiftratures. Ces affemblées fixeront
l'attention , parce qu'elles feront le foyer
de tous les mouvemens , de tous les dé-
bats, de tous les projets. Il faudra donc alors
que le peuple aît affez de prudence pour
donner fon intérêt & fon attachement à
un double objet ; ou il arrivera que l'un de
ces deux objets effacera néceffairement
l'autre de fon efprit.   C'étoit

C'étoit une chose bien plus dangereuse encore, que ces assemblées provinciales que l'on avoit proposées sous la présidence du Clergé, & dont l'Evêque devoit avoir chez lui le Bureau intermédiaire. Combien ne faut-il pas être aveugle, pour ne pas voir le danger de donner aux Prêtres le ressort de l'impôt, de leur mettre entre les mains un moyen aussi fort de dominer & d'étendre leur puissance! Pourquoi vouloir doubler les fonctions d'un ordre & laisser renforcer les unes par les autres? Pourquoi vouloir donner aux Evêques, ce qu'on n'auroit pas donné aux Commandans? On ne veut point ici critiquer, ni médire, mais après que la maturité des temps a brisé le glaive du fanatisme dans la main des Prêtres, faudra-t-il leur livrer le principal mobile de l'Etat? Ne sait-on pas que ces Officiers sédentaires, & à l'abri de tout risque, sont par-tout sujets à vouloir réunir dans leurs mains toutes les puissances? On a osé dire que rien n'est plus fait pour les dégoûter de leur royaume

spirituel,

fpirituel , que de les attacher ainſi au royaume tem porel. On ne cherchera point à déméler ici le principe d'une idée auſſi bizarre ; mais il eſt viſible que loin de les dégoûter de leur royaume , c'eſt là un moyen certain de leur en donner deux.

Il faut encore ajouter à cela que les prêtres ne doivent être que paſſifs dans l'affaire de l'impôt ; parce qu'ils n'ont pas des propriétés comme propriétaires , mais comme officiers , & que leurs bénéfices ne ſont pas des revenus , mais des appointemens ; & en ſuppoſant que les aſſemblées provinciales paſſent , il eſt ſenſible qu'ils ne doivent y être admis que pour raiſon de leur bien de famille.

Telles ſont, Monſieur, les raiſons qui m'ont fait jetter ſi loin les aſſemblées provinciales. Que ſi malgré toutes ces conſidérations , il eſt arrêté dans l'ordre de la deſtinée que ces établiſſemens auront lieu , je ne déſeſpérerai pas pour cela du ſort de la patrie ; & je penſe qu'elle trouvera bientôt dans elle-même des moyens de ſe relever

D

ver

ver de cette faute. Dans leurs commence-
mens ces adminiſtrations feront moins
nuiſibles. Les nouveaux ſyſtêmes, comme
les nouvelles religions, veulent toujours
afficher du zele, de la pureté, de la ſou-
miſſion, & ſe tiennent ſur leur garde pour
déconcerter la critique. On pourra profiter
de ce premier mouvement, & faire reprendre peu à peu aux choſes les formes monarchiques, à meſure qu'on ſentira naître les
inconvéniens. Mais combien ne ſeroit-il
pas plus heureux dy renoncer & d'épargner
cette convulſion à la choſe publique!

Certainement les intentions paternelles
du Roi qui ſont de ſoulager la claſſe indi-
gente des ſujets, en rétabliſſant l'équilibre
dans les taxes, & par ſuite dans les revenus
& dans les dépenſes de l'Etat; certainement ces intentions précieuſes peuvent
être remplies, ſans recourir à aucune inſti-
tution républicaine. Il y a des formes pour
la juſtice, comment n'en a-t-on point encore ſu trouver pour l'impôt ? Qu'on faſſe
diſparoître l'arbitraire des taxes, qu'on éta-
bliſſe

bliſſe une meſure que le citoyen puiſſe
réclamer, que le Monarque faſſe ſeulement
pour le citoyen en particulier, ce qu'il
conſent à faire pour le peuple raſſemblé ;
qu'il l'appelle pour concourir à ſa propre
taxe, en préſence de deux voiſins, devant
un Magiſtrat commis pour faire le rôle.
Chacun en particulier, en préſence de ſon
Prince, ſeroît-il moins patriote que confondu dans une aſſemblée orageuſe ? Mais
je m'apperçois que je fais un projet ; &
je ne crois pas qu'il y ait en France de plus
miſérable rôle à jouer, quand on n'a point
de miſſion.

Mais le moment, dit-on, eſt preſſant.
Nous voyons par-tout des maux ſans nombre, & nos allarmes vont juſqu'à l'étranger
dépoſer de notre détreſſe. Tout eſt en déſordre, tout eſt en rumeur. On s'aſſemble,
on diſpute, on s'échauffe ; jamais on ne vit
dans l'Etat une pareille efferveſcence. Ce
ne ſont cependant que les faux ſyſtêmes
de deux Miniſtres qui ont cauſé ce boule-
verſement. Tout deux ont trop parlé en

public

public, trop écrit, trop agité les esprits
de la multitude. Ils se sont si fort complu
dans ce qu'ils ont dit, qu'ils n'ont pu se
méfier d'eux dans ce qu'ils ont fait. L'un
a emprunté sans fin dans le moment où il
falloit imposer ; de sorte qu'il faut imposer
aujourd'hui doublement pour le capital &
pour les intérêts de la dette. L'autre a cru
que la nation étoit aux abois, parce qu'il
avoit eu l'art de se rendre tout difficile, en
se faisant détester par ses principes & mé-
priser par sa légereté. Il a cru qu'il falloit
tout changer, parce que tout lui étoit contraire. Il fuit avec ses projets L'Etat reste
avec ses ressources. Nous devons trouver
de quoi y rétablir la confiance & le calme
dans les esprits.

D'abord les revenus ordinaires de l'Etat
dont le Roi ne doit aucun compte, suffisent
pour les dépenses du Gouvernement dont
il ne doit non plus aucun compte, & nous
aurions une guerre longue à soutenir, que
le Prince trouveroit encore dans ses revenus de quoi y faire face. Notre malai-se

die ;

die, notre déficit ne proviennent que de la dépense extraordinaire des rentes : frais nécessaires des emprunts. Et il faut savoir sentir qu'il n'y a plus aujourd'hui d'autre moyen de guérir un mal dans lequel on s'est si indiscrétement précipité, que d'imposer un peu & de continuer d'emprunter. De continuer, dis-je d'emprunter pour payer les anciennes dettes, en observant d'en éteindre chaque année plus qu'on n'en contracte, & toujours ainsi jusqu'à leur entiere extinction. Il n'y a pas besoin pour appercevoir cette vérité, de longues délibérations, degrands calculs, de profonds examens. Que voyons-nous au reste dans tout cela, qui ne rassure? Un Roi sage qui se fait une loi essentielle de maintenir les engagemens de la chose publique, une nation pleine de moyens & de bonne volonté, des Parlemens prêts à concourir à des arrangemens justes, approuvés par la voix publique, une armée bien entretenue & capable de garantir un Etat aussi tranquille en dedans, de toutes les insultes du dehors;

qu'on

qu'on ajoute à cela un bon Miniftre , ferme, prudent, éclairé , & toute affemblée extraordinaire paroîtra déformais inutile ; difons tout , difcordant avec l'ordre public & les opinions nationales.

Quoi donc ! confier le foin de la chofe publique à une affemblée inopinée , dans une monarchie où l'on n'eft point en haleine fur cette efpece de devoir ! Quel étrange confeil à donner à un Monarque naturellement confiant , & d'autant plus porté à s'y livrer qu'il y a vu plus de nobleffe & d'abandonnement. Quel temps , quelle circonftance a-t-on choifis pour le porter à cette démarche extraordinaire; un temps où tous les efprits font ivres de principes faux, répandus dans des livres pathétiques , que des ambitieux on fait femer ; un temps où il y a de tous côtés des partis formés , & des intérêts contraires à la chofe publique , qui ofent fe montrer à découvert ; un temps qui paroît difpofer toutes chofes plutôt pour l'arrivée d'un Cromwel que pour l'exercice d'une autorité légitime ? Eft-ce donc

donc que dans des temps pareils il n'eſt pas reconnu que l'on doit plûtôt concentrer les conſeils que les étendre.

Ah ! ſi un Roi de France veut connoître la voix publique, qu'il ne convoque point d'aſſemblée extraordinaire ; qu'il choiſiſſe pour conſeils des gens prudens, expéri-mentés, connus pour avoir déja géré les affaires publiques avec approbation, & qu'il écoute leurs avis. Si un Roi de France veut avoir un ſuffrage public, légal, qu'il con voque encore moins d'aſſemblée dont il nomme les membres ; qu'il con-voque les Ducs & les Grands qui doi-vent ſiéger d'office au Parlement. En qua-lité de Souverain, il eſt inconteſtable que le Roi a le droit d'ouvrir & de fermer la bouche à ces aſſemblées, comme ſa ſageſſe le lui conſeille. Pourquoi ne tiendroit-il pas quelquefois des lits-de-juſtice conſultans, comme il en tient d'impératifs. C'eſt là où il pourroit connoître l'opinion publique. C'eſt là le foyer de toutes les formalités ; c'eſt là où ſont les vrais Notables du Royaume.

Royaume. Les autres ne peuvent ni obliger le peuple, ni parler pour lui ; ils n'ont ni miffion ni caractere politique; ils ne peuvent jamais former qu'une voix particuliere. Au refte le peuple François n'a de repréfentans que lui-même & fon Roi; c'eft là un principe conftant chez nous. Les Romains fe quali-fioient, *le Sénat & le Peuple Romain.* La feule qualification politique de notre na-tion, eft *le Roi & le Peuple François.*

Cette matiere eft intéreffante, un cœur français eft ému en la confidérant. La tran-quillité publique, ce vœu conftant de tout citoyen qui aime fa patrie, y eft inftam-ment liée, & l'on ne peut la quitter fans l'épuifer. Si donc un Roi de France veut avoir un fuffrage public, véritable & per-fonnel, qu'il affemble les Etats généraux du Royaume ; mais qu'il ne les affemble pas felon les anciennes formes, car il s'ex-poferoit encore à n'avoir qu'une affemblée partiale & oppreffive, qui ne feroit point la voix publique.

Je l'ai démontré dans mon difcours fur

nos

nos ufages. L'ancienne compofition de nos Etats généraux étoit gotique ; elle feroit impraticable aujourd'hui , & le peuple ne la recevroit point par plufieurs raifons ; mais fur-tout parce que le Clergé qui étoit autrefois tout formé du Tiers-Etat , donnoit à cet ordre fa jufte prépondérance , & qu'aujourd'hui le Clergé & la Nobleffe ne faifant plus qu'un ordre , cela réduiroit à rien le fuffrage du Tiers-Etat. Si donc le Roi croyoit devoir affembler les Etats généraux pour quelque grande circonftance , il me femble que l'ordre des tems demanderoit que la Police en fût conçue ainfi.

1º. Que le Peuple François fût divifé en trois ordres préfidés par le Roi.

2º. Que le premier ordre fût compofé de tous les Magiftrats fupérieurs , foit miniftériels , foit eccléfiaftiques , foit judiciaires , foit militaires.

3º. Que le fecond ordre fût compofé de tous les propriétaires terriens payant à l'Etat jufqu'à une fomme déterminée de fubfides.

E   4º.

4o. Que le troisieme ordre fût com-
posé des citoyens domiciliés au-dessus
de quarante ans, payant à l'Etat jusqu'à
une autre somme déterminée de subsides.

Cette composition ne renfermeroit-elle
pas d'une maniere simple & juste tous
ceux qui ont droit de voter dans la
chose publique, & d'y faire prévaloir
leur opinion? Et ces commices ne se-
roient-elles pas parfaites, en ajoutant à
leur composition une police sûre pour
recueillir les suffrages, & maintenir la
tranquillité, & en ayant soin d'amener
les questions à des points simples; de
sorte que le peuple, après avoir délibéré,
n'eût qu'à les admettre ou à les rejetter?

Tels paroissent les changements préli-
minaires que les tems feroient desirer
dans les Etats généraux, si quelque grand
événement forçoit contre toute apparence
à les convoquer un jour. Mais jusqu'à ce
qu'une pareille convocation soit jugée nécessaire, il est certain que les Parlements
sont les seuls Conseils nationaux & avoués.
Leurs enregistrements sont des formes

sûres, tranquilles, néceſſaires ; & il n'y
aura jamais que d'impolitiques Adminiſtrateurs & des ennemis de l'autorité royale
qui conſeilleront à nos Princes de les
décliner. Après avoir conſidéré d'auſſi
grands objets, je ſens combien il eſt
déſavantageux de ramener l'attention ſur
ſoi. Il faut cependant que j'acheve de
répondre à nos critiques.

On me blâme de n'avoir pas mis mon
nom à la tête de mon ouvrage, ſoit
pour en être le garant, ſoit pour en
recueillir la gloire. Je réponds que mon
nom ne peut gueres ajouter à la force
de mes preuves. *Si j'ai raiſon, qu'importe qui je ſois ?* Très-heureuſement inconnu dans le monde littéraire, je n'ai
point de réputation qui puiſſe prévenir
pour ni contre ce que j'ai pu dire : ainſi,
il eſt indifférent pour le public de trouver mon nom ſur le frontiſpice de mon
Diſcours. Ce n'eſt cependant pas que je
craigne d'en être le garant. Quel que ſoit
ſon mérite, mon intention y eſt par-tout
bonne ;

bonne ; & je m'applaudis de l'avoir fait. Je suis même content d'en être reconnu pour l'auteur ; mais dans les circonstances j'ai cru qu'il étoit à propos de n'en point donner de preuve légale, & de me retrancher dans l'anonyme, ce dernier asile du droit des gens en littérature.

J'ai craint, je l'avoue, les méprises d'un Gouvernement que j'ai vu pendant quelques instants trop sujet à agir contre lui-même. J'ai voulu lui épargner le tort de me persécuter, s'il étoit injuste ; je n'ai pas voulu courir le risque de ses erreurs, s'il étoit prévenu. Car tout en indisposant les esprits outrés par les avantages que je donne dans mon Discours à la puissance royale, je pouvois aussi trouver dans le Gouvernement d'autres esprits outrés, capables de s'indisposer de ce que je fais trop valoir les droits du peuple. Vainement, me diriez-vous avec J. J. Rousseau, qu'il y a des choses qu'un honnête homme ne doit point prévoir ; je répondrai que Rousseau a raison pour son honnête homme,

homme, pourvu qu'il ajoute ces mots :
« Qui eſt un ſot » ; parce qu'un honnête
homme intelligent voit la droiture & la
raiſon où elles ſont, & ſçait prévoir la
malice & l'ineptie où il eſt après tout
très-poſſible qu'elles ſoient. J'eſpere qu'enfin
le moment n'eſt pas loin qui raſſurera
ſur de pareilles craintes.

A l'égard de la gloire, je crois qu'un
honnête homme peut la deſirer, & c'eſt
là volontiers le but d'un écrivain. Je crois
bien que parmi le nombre infini de choſes
importantes que j'ai développées, il en
eſt qui pourroient me donner quelque
gloire, & nombre d'écrivains en ont
obtenu à moins ; mais je ne ſçaurois être
trompé en n'en obtenant point ; car je n'ai
eu pour unique but que de bien faire &
d'être utile ; & je plaindrois bien ſincé-
rement aujourd'hui tout écrivain grave qui
auroit la ſoif de la gloire. Eſt-ce que les
intrigues & les objets frivoles n'abſor-
bent pas toute l'attention ? Eſt-ce qu'un
danſeur, qui eſt le dernier des talents,

ne

ne recueille pas plus d'applaudissements
aujourdhui, n'est pas plus fêté, plus accueilli, qu'un Ecrivain utile qui est le
premier des mérites? Non, Monsieur, je
ne me suis point abusé; je n'ai rien fait
pour obtenir de la gloire; je ne crois pas
en mériter beaucoup; mais je n'en ai point,
& à coup sûr je n'en recherche point.

Mais si je suis peu curieux de gloire,
& peu touché de n'en point obtenir; je
suis en récompense insensible aux critiques
injustes, aux épigrammes, à la satyre &
aux dérisions. Quelque ridicule qu'on
veuille me donner, je ne le prendrai
certainement point. Mon Discours seroit
jugé mauvais d'un bout à l'autre : on me
refuseroit du mérite, & comme politique,
& comme philosophe, & comme écrivain,
que je n'en aurois point honte du tout.
N'ayant point de chance favorable à courir, ce n'est pas la peine que je m'em-
barrasse dans les chances fâcheuses. Mes
intentions sont droites : j'ai parlé au public
avec le respect qui lui est dû. Je n'ai rien
à me reprocher.   On

On trouve au furplus que j'ai trop
flatté nos Grands, jetté trop loin la petite
Nobleffe, & que j'ai l'air en tout d'un
homme payé par le Gouvernement.

J'ai dit de nos Grands ce qu'ils doivent être, ce qu'ils ont prefque toujours
été, ce que la plupart d'entr'eux eft encore, ce qu'ils font fait pour être toujours, nobles, généreux, impartiaux,
polis, aimables, & ajoutant fouvent à
ces qualités le mérite & la vertu. J'ai
dit cela, parce que je l'ai penfé & vu
ainfi. Je déclare que je n'ai jamais reçu
d'eux aucune marque d'amitié. Le peu
de ceux à qui j'ai eu affaire directement,
ne m'a même donné que des fujets de
m'en plaindre. Mais cela ne fait rien à
la thefe générale. Je n'ai non plus obtenu, ni demandé les bontés de nos
Princes; & l'hommage que je leur ai rendu
n'a été en moi que la voix des citoyens.

Je n'ai point bleffé la nobleffe du fecond ordre qui fe conduit bien. J'ai
blâmé celle qui fe ligue & qui cabale,

celle

celle qui néglige de s'inftruire, & de prendre des formes fociales, celle qui veut que la naiffance tienne lieu de mérite & d'honnêteté, tous ces petits Caligula de châteaux qui veulent paffer pour des Fabricius, & à qui l'établiffement des Intendants eft fi odieux. J'ai infifté fur la néceffité qu'il y a d'arrêter ces créations de Nobles qui, en donnant au Tiers-Etat une nobleffe factice, lui ôtent fa véritable nobleffe & fes moyens. J'ai dit que les feules places font les degrés qui doivent régler la fubordination dans une Monarchie. Tout cela étoit, je crois, utile à rappeller dans un moment où de petites ligues croient avoir acquis affez de force pour tenter de nous faire reculer dans la Barbarie.

Que fi j'euffe pour le ton de mon Difcours confulté la voix de mon intérêt perfonnel, j'aurois plutôt fait des plaintes qu'une apologie. Depuis dix ans au fervice du Roi, dans une partie importante de l'Adminiftration, je n'y ai éprouvé que de l'injuftice & des dégoûts. Et la publicité

de

de mon Discours ne fera que me mettre plus en butte à la malice des intriguants à qui elle est en proie; tandis que mon même travail & ma même conduite, m'offroient au barreau une fortune assurée. Heureux si mon dévouement, si nuisible à ma famille, peut être utile à cette même Administration dont j'ai eu en vue de consacrer la sagesse, malgré les égarements de quelques Administrateurs !

Quant à mon style, je pourrois me dispenser de le défendre, cette partie de mon ouvrage paroissant ne tenir qu'à la vanité; mais comme elle tient aussi à la raison, & que j'aurois en effet manqué au public, si avant d'entreprendre de lui parler, je ne m'étois pas senti à-peu-près sûr de m'exprimer d'une maniere supportable ; je vais mettre à cet égard tout mon orgueil à découvert. Je crois, Monsieur , que mon style est le style de la chose, & que ce feroit à tort qu'on y chercheroit des fautes. Je passe condamnation sur quelques négligences inévitables dans un Ouvrage aussi

F

plein.

plein. Je protefte contre un nombre infini de fautes d'impreffion, & pour le refte, je crois avoir mérité quelques éloges. Avoir fu ramener à la clarté & démontrer jufqu'à l'évidence, les vérités les plus abftraites de la politique; avoir réuni dans une feule maffe bien liée un nombre auffi énorme de prin-cipes & de propofitions ; avoir préfenté la chofe publique entiere fous un feul point de vue, non-feulement fans confufion, mais avec un ordre fi fimple & fi naturel, que le développement feul en feroit récréatif, quand même il ne feroit pas infiniment inf-tructif ; tout cela me fera toujours accorder quelqu'eftime parmi les bons efprits. Je crois avoir rappellé au public la fimplicité, le nombre & la pureté de la profe françoife, dont on flétrit tous les jours la délicateffe par des diatribes, des déclamations, des excès, des emportements d'autant plus froids qu'ils font moins naturels. Et même parmi nos plus beaux ouvrages, nous en voyons beaucoup pour fronder & pour détruire, très-peu pour édifier & pour établir.

établir. La critique a par elle-même de l'énergie & du piquant ; l'apologie eſt en elle-même indifférente & fade , ſur-tout lorſqu'un ſujet ſage force un écrivain à renoncer preſque par-tout aux phraſes d'appareil.

Croyez-vous , Monſieur , qu'il n'y a pas quelque force à avoir ſoutenu juſqu'au bout avec intérêt la gravité & la ſimplicité qu'exigeoit mon ſujet? & pourroit-on montrer beaucoup de modeles d'un pareil ouvrage ?

Voilà , Monſieur , ce que je ne crains point de dire à quiconque ne craint point d'être injuſte & déſobligeant. Au reſte , mon diſcours frondant toutes les ſortes de folies , je n'ai pas prétendu qu'il ne feroit pas odieux à toutes les ſortes de fous ; & ce feroit à moi une folie encore plus grande que de m'en embarraſſer.

Quant aux perſonnes de bonne foi qui rejettent la plupart des principes contenus dans mon Diſcours , je ne leur dirai pas comme Monteſquieu : *Rejettez tout , ou admettez tout.* Je leur dirai avec Corneille

ſur

sur les chofes qu'ils rejetteront : *Repaffez-les deux fois au fond de votre cœur ;* après cela, fi vous perfiftez à les rejetter, n'enveloppez pas dans votre profcription tant d'autres chofes utiles que j'ai le mérite de vous avoir fait remarquer. Ce qui a pu vous être profitable, eft ce que j'ai véritablement voulu vous offrir ; le refte eft par-deffus le marché : vous en ferez ce que vous voudrez. Si tout ce que j'ai décrit eft bientôt renverfé, il n'en demeurera pas moins vrai que tel étoit l'état des chofes en 1786 ; & il y aura encore quelques bonnes gens qui feront bien aifes de confulter mon Difcours comme un ancien Almanach de cette même année, qui ne laiffera pas alors de faire époque.

J'ai l'honneur d'être, &c.

DEUXIEME LETTRE

DE L'AUTEUR

DU MODE FRANÇOIS.

DEUXIEME LETTRE
DE L'AUTEUR
DU MODE FRANÇOIS;

Où en parlant beaucoup de lui, cet Auteur développe plusieurs vérités utiles sur la Politique & sur la Littérature.

10 Septembre 1787.

IL semble, Monsieur, que ce n'est gueres le moment de s'occuper de l'ordre de la maison, lorsque des imprudens ont mis le feu aux quatre coins. Mais tant de gens habiles s'occupent à l'éteindre, & la construction de l'édifice est si solide, que je crois que nous pouvons, sans témérité, continuer à nous entre-

A 2   tenir

tenir des avantages que nous y trouvons, certains que les réparations que tout ceci va forcer à y faire, ne le rendront que plus durable & plus parfait.

Je commence par convenir que le moment n'a pas été heureux pour publier mon discours apologétique de notre gouvernement, & que quelques honnêtes gens ont peut-être eu raison de voir avec effroi un ouvrage qui pouvoit redonner de la force à une administration corrompue, qu'on desiroit voir arriver au dernier degré de l'erreur, pour la voir en même temps au dernier degré de l'impuissance. Aujourd'hui que la crise est venue, que toutes les fautes sont connues & publiées, que cette administration est forcée de rouler déformais sur les bons principes, je crois que ces mêmes honnêtes gens pourront revoir mon discours avec plaisir, & qu'un travail de citoyen obtiendra à la fin le seul prix qui lui est dû ; le suffrage des bons citoyens.

Moliere

Moliere favoit bien que fon Mifan-
trope étoit un bon ouvrage, & que le
public devoit le goûter. Il le donna &
redonna, jufqu'à ce qu'enfin il réuffit.
La grande opinion qu'il avoit du public
ne lui permit pas de fe regarder comme
tombé le premier jour ; & il penfa,
avec raifon, qu'une nation auffi éclairée
ne pouvoit pas perfifter à rejetter une
piece qu'il favoit mériter fon fuffrage.
Sans me comparer, je ferai comme ce
grand homme, je dirai & je redirai au
public qu'il doit quelque attention à mon
difcours, je la folliciterai par tous les
moyens poffibles : je déclarerai à toute
occafion au public que je regarde fon
fuffrage comme m'étant tôt ou tard
acquis, & que fi je regrette quelque
chofe à ne pas l'avoir emporté d'abord,
c'eft de ne pas avoir fait auffi vîte à
mon pays le bien que je defirois, en
redonnant à la chofe publique l'union
qu'il femble que tout confpire aujour-
d'hui à lui ôter.

Dans

Dans les circonſtances où nous ſommes, il eſt ſans doute du devoir d'un
citoyen de ne parler qu'avec réſerve en
public des actes du gouvernement ;
mais c'eſt alors qu'il importe le plus de
traiter des principes du gouvernement &
des uſages nationaux. Cette matiére appar-
tient aux ſciences, le droit public permet qu'on en traite, les beſoins du peuple en demandent l'expoſé ; & il n'y a
que la tyrannie, ou une volonté perfide
de tout embrouiller qui pourroit s'en
allarmer. Une république a mis au rang
de ſes loix la défenſe expreſſe de parler
de ſon gouvernement. On n'a pas beſoin d'obſerver que ce n'eſt ni du Sénat
Romain, ni de l'aréopage, qu'eſt ſortie
une telle défenſe ; & l'on voit aſſez par
cette précaution, que ce ne ſont pas
des apologies que cette république a été
dans le cas de redouter. Elle a d'ailleurs très-bien reçu le livre Era-Parlo,
qui donnoit de l'unité à ſes principes
d'adminiſtration,

d'adminiſtration, quelque odieux qu'en fût le développement. Si donc la jalouſe & ſoupçonneuſe Veniſe a cru devoir accueillir un livre qui en la ſervant l'humilioit, & qui lui faiſoit, pour ainſi dire, payer ſa ſûreté au prix de ſon honneur; que ne doit pas faire le gouvernement François pour un ouvrage qui, en publiant ſes principes, publie ſa gloire; qui, en rendant viſibles tous les reſſorts qui le font mouvoir, démontre authentiquement ſa juſtice, ſes reſſources, & ſa grandeur?

Je continue donc à répondre aux obſervations que vous avez bien voulu m'adreſſer ſur mon diſcours, dont pluſieurs, quoique juſtes en elles-mêmes, ne prouvent abſolument rien contre lui. Par exemple, ce que vous m'objectez ſur la politeſſe & ſur la civiliſation, n'empêche pas que ce que j'en ai dit ne ſoit vrai. Vous avez tiré des mêmes principes des conſéquences autres que les miennes, mais non des conſéquences oppoſées aux miennes.

miennes. Il s'enfuit encore de ce que vous me faites l'honneur de m'écrire à propos de la barbarie, que vous auriez fuivi un autre fyftême de développement pour dire ce que j'ai dit ; mais non pas que vous auriez dit autre chofe que moi ; par tout autre chemin vous feriez néceffairement arrivé au même point :

Que fi j'ai fuivi ce fyftême de développement plutôt qu'un autre, c'eft qu'il cadroit mieux avec mon plan, c'eft qu'il fe lioit mieux avec nos mœurs, c'eft qu'il eft vrai que telle a été chez nous la marche de la politeffe & de la civilifation ; c'eft que cette maniere de la préfenter étoit plus analogue aux récits précédens, & alloit plus à mon but, qui a été de donner de l'enfemble à notre nation, en la découvrant elle-même à elle-même, & de nous faire aimer d'autant plus notre patrie & nos inftitutions.

Souvent en relifant le difcours de Boffuet fur l'Hiftoire Univerfelle, [on pourroit

pourroit ajouter, de l'Eglise]; j'ai trouvé
des endroits d'où j'aurois tiré des conséquences toutes autres que les siennes;
mais j'ai vu, en y réfléchissant, qu'il
n'y avoit pas lieu de l'en blâmer; parce
que ces conséquences, un peu amenées,
ne tenoient point aux objets principaux;
parce que sans être ce qu'on pouvoit
conclure de mieux de ses positions, il
suffisoit qu'on pût à toute force en conclure ce qu'il en concluoit, pour qu'on
dût le lui passer, lorsque cela contri-
buoit à l'ensemble de son discours, &
alloit à completter le corps de ses preuves.

Je mets souvent Bossuet en avant, je
me retranche derriere lui; parce que si
Bossuet est quelque chose par son discours, il faut que mon discours soit
aussi quelque chose, & que si mon discours n'est rien, il faut qu'on ait eu tort
d'estimer jusqu'à présent celui de Bossuet.
Mon ordre, mes divisions, mes déve-
loppemens, sans être semblables, ne sont
pas inférieurs aux siens, & mon sujet est

B   peut-être

peut-être encore plus vaste. Et fi l'on
veut regarder aux differtations dont l'un
& l'autre difcours eft entrecoupé, on
trouvera peut-être que les miennes va-
lent bien celles de Boffuet fur l'Affué-
rus-Ciaxare, & fur la maniere de calculer les feptantes femaines.

Vous avez trouvé, Monfieur, mon
difcours trop long pour un difcours, &
vous euffiez mieux aimé le voir annoncer en forme de traité. Cela n'opéreroit
pour le fonds qu'un changement de
mots, & n'eût fait que m'impofer dans
la forme un ton froid que la matiere ne
comportoit pas. Je vous obferve qu'il y
a deux fortes de difcours, les uns faits
pour être entendus, les autres faits pour
être lus. Ceux qui font faits pour être
prononcés, doivent contenir ce qu'un
homme fort peut réciter de fuite, fans
aucune gêne & de bonne grâce ; &
encore peut-on porter ces fortes de difcours à plufieurs féances, quand la maniere l'exige. Nombre de ceux qu'a pro-

noncés

noncés Démofthenes devant les Athéniens, paroiffent avoir tenu plus d'une
audience. Quant à ceux qui font faits
pour être lus, ils fe mefurent fur la
force de l'attention qu'un lecteur peut
apporter, pour en faifir l'enfemble, fans
ceffer d'en fuivre les détails, non fur
celle d'un étourdi, d'un homme léger &
inhabile à amaffer & à retenir plufieurs
idées, mais fur celle d'un homme qui a
l'efprit ferme, exercé, & laborieux. Ici
l'orateur & le lecteur doivent faire preuve
de force pour foutenir, l'un fon haleine,
l'autre, fon attention. Auffi avec plus
d'effort arrive-t-on à un effet plus grand
& plus profond que dans les difcours
prononcés. Celui qui a parlé a obtenu
le plus eftimable des avantages, celui
d'avoir communiqué avec les hommes
les plus capables dans la plus honorable
difpofition ; certain d'avoir arraché leur
eftime, de s'être fixé dans leur fouve-
nir. Celui qui a lu s'eft élevé l'ame, a
étendu les refforts de fon efprit, & re-
vien

vient toujours avec plaisir sur un travail
qui l'a honoré à ses propres yeux ; plein
de reconnoissance pour celui qui l'en a
cru capable. Nous avons dans notre
langue trois discours de cette espece ;
celui de Bossuet sur l'histoire ; celui de
Diderot & de Dalembert sur l'Encyclopédie, & celui que j'ai fait sur nos
usages.

Qui eût osé prescrire la mesure qu'on
doit donner à un poëme épique, & dire
jusqu'à quel point le retour des mêmes
idées exprimées différemment, mais ten-
dantes toutes à glorifier un peuple, peuvent être supportées ? Qui est-ce qui
n'eût pas pû prétendre en trouver toujours trop ou trop peu dans les poëmes
qu'on lui eût offert, si Homere dans
l'Iliade & dans l'Odissée, & Virgile
dans l'Enéide, ne nous eussent pas prouvé
que cela doit aller presque jusqu'à satiété ?
Rapportez-vous-en donc un peu aux
auteurs sur la mesure des discours ; ils
sont vicieux quand ils manquent d'en-

femble & d'objet , & longs lorfqu'ils
ennuyent. Je ne vous réponds pas à la
demande que vous me faites, pourquoi
je n'ai pas divifé mon difcours en chapitres ; parce que lorfqu'un architecte
offre à l'attention un temple , il n'y a
point de raifon de lui demander pourquoi ce n'eft pas plutôt une maifon.

Vous me dites que vous avez lu le
commencement de mon difcours avec
beaucoup d'intérêt, que cet intérêt s'eft
rallenti environ au quart ; mais qu'après
il s'eft augmenté, a été toujours en croif-
fant, & vous a mené enfuite avec rapi-
dité jufqu'à la fin. Lorfque je l'ai lu, après
l'avoir fini, il m'a fait le même effet. Je
me le fuis fait lire tout entier à haute
voix par une perfonne qui me l'a récité ,
fans le faire valoir. j'ai encore éprouvé
ce rallentiffement d'intérêt à cette hauteur.
Je me fuis mis alors à le revoir, à chercher fi je ne pourrois pas donner plus
de chaleur à cette partie, y retrancher,
ou y ajouter quelque chofe, ou replacer

ailleurs

ailleurs ce qui y étoit. J'ai trouvé que ce
que j'y avois dit étoit néceſſaire à dire,
& devoit être à cette place, & que je
ne pouvois pas, ſans manquer à ma diſpoſition générale, mettre à cet endroit
un degré de chaleur plus conſidérable.
Et cet examen m'a conduit à voir que
tel étoit l'effet de tous les ouvrages de
longue haleine, qui en commençant obtiennent une grande attention, & qui,
ſans la laiſſer rallentir, annoncent qu'on
en aura encore beſoin pour un certain eſ-
pace de temps. Environ vers le quart
l'application ſe détend un peu ; mais elle
revient avec plus de force, lorſque l'on
voit qu'on en eſt dédommagé par de l'inſ-
truction & par du plaiſir ; & l'on finit
par regretter de n'en avoir pas davantage à donner. L'Iliade fait cet effet à
cette même diſtance ; le diſcours de
Boſſuet de même, & preſque toutes les
tragédies environ au ſecond acte. C'eſt
ainſi qu'eſt la marche de la nature ; &
ce retour ordinaire de l'eſprit vers l'in-
discipline ,

discipline n'est dans mon discours ni la faute du lecteur, ni la mienne.

Si je n'ai pas dit tout juste ce que l'on pratiquoit pour le moment dans les choses de la guerre, c'est que pour faire une description éternelle, j'ai dû chercher l'époque où notre discipline militaire a été la plus analogue à notre esprit national, & je n'ai eu besoin pour cela que de me reculer de dix ans. Je ne dois point blâmer des loix & des réglemens promulgués avec les solennités faites pour les faire respecter; je ne puis que m'en rapporter à cet égard à notre réformatrice éternelle, à la désuétude. Les loix militaires chez un peuple guerrier sont une sorte de religion civile à laquelle il ne faut point toucher. L'antiquité de ces loix, leur notoriété les rend sacrées; & cette notoriété si nécessaire, elles ne peuvent plus l'acquérir, lorsqu'elles varient. Je ne crois pas, enfin, qu'il soit fait pour être renversé légérement, l'ordre sous lequel nous avons fait tant de campagnes célebres, gagné

tant

tant de batailles mémorables. J'ajoute
qu'on doit infiniment se défier de tout
ce que propose aujourd'hui M. le comte
de Guibe~sur l'ordre de nos armées. J'admire les talens de cet auteur, j'honore
son patriotisme ; mais je trouve que toutes ses idées tiennent trop à l'exaltation
d'esprit, à l'enthousiasme. L'enthousiasme
est bon pour faire la guerre & non pour
la disposer. Chaque genre d'intelligence
a son genre de génie. Le génie des institutions n'est point l'enthousiasme, mais la
combinaison, une combinaison vaste &
sublime, mais froide & sûre, & d'autant
plus tranquille, qu'elle est plus élevée. M.
le comte de Guibe~n'en est pas là.

Vous voudriez que je me relâche un
peu de mes principes sur le prêt à intérêt. Je ne puis, Monsieur, rien en rabattre ; il faut qu'ils restent dans leur entier. Mon discours est le seul endroit
que je sache, où ces principes soient
complets, & où leur liaison avec la politique soit développée. Ce sont des regles
                                éternelles,

éternelles, qui feront, je le fais bien,
éternellement violées chez les nations
commerçantes; mais il n'importe pas
moins de les faire connoître, parce qu'en
montrant à quoi elles tiennent, on porte
au moins à éviter les trop grands abus ;
& que fi l'on n'a pas le mérite de fuivre
les principes les plus purs, on n'eft pas à
ce point d'aveuglement d'ériger en regle
des principes faux, dictés par le feul intérêt perfonnel. D'ailleurs, je fuis convenu
que le prêt à intérêt eft légitime, lorfqu'il
porte fur un commerce avantageux avec
l'étranger.

J'aurai peut-être un peu plus de peine
à me juftifier devant vous d'avoir loué
l'établiffement de l'Académie Françoife,
qui, dès fon commencement, a été voué
à l'intrigue, & qui eft abfolument dégénéré en cabale. Je fais, comme vous,
qu'il n'y a que le public & la poftérité
qui donnent les brevets de grand homme;
qu'un académicien qui n'eft qu'académicien, n'eft pas même immortel de fon

C   vivant

vivant; que nos grands génies n'ont tiré aucun luftre de leur aggrégation à cette compagnie, & que les premiers mérites de notre temps en font exclus. Mais dans un ouvrage apologétique, j'ai regardé à l'inftitution, & non à l'abus qu'on en fait. Après tout, un léger changement peut nous mettre d'accord. Reprenez donc, je vous prie, mon difcours ; & dans cette phrafe, *l'Académie Françoife*, &c. mettez en place du mot *eft*, les mots *devroit être*, & toute difficulté à cet égard fera applanie.

Je n'ai point parlé des Lycées, des Mufées, parce que ces inftitutions font éphémeres, fans caractere, & encore plus vaines que les Académies. Un fi grand nombre d'affemblées publiques ne fauroient fe maintenir. Il eft trop contraire aux mœurs nationales. On commence à s'appercevoir qu'il diminue trop les fociétés particulieres, & déplace trop les femmes. Dans dix ans il ne fera peut-être plus queftion de tout cela. Et qu'au-rois-je,

rois-je avancé à informer la postérité,
qu'en 1786 il s'étoit trouvé à Paris quatre
ou cinq cens dupes réunis pour donner
de la célébrité à un Secrétaire & à un
Président ?

De même je n'ai point dit que dans
la destruction des maisons religieuses,
dont le Gouvernement a voulu réduire
le nombre, on n'avoit attaqué que des
ordres décens & fideles au Roi, qui
répandoient l'abondance dans des Provinces éloignées du commerce ; tandis
qu'on épargnoit ces ordres de petits
moines qui se sont si fort signalés à la
procession de la ligue. Je n'ai point dit
que, tandis qu'on réduisoit en apparence
les religieux utiles, on portoit à plus de
six mille l'établissement tout récent des
sœurs grifes ; que, sous prétexte de donner
un ou deux bouillons par an aux pauvres, on écrâsoit les paroisses par des
institutions de main-morte, d'une dépense
habituelle ; qu'on donnoit à ces religieuses une influence sur la populace des

grandes

grandes villes, contraire à toute bonne
police. Je n'ai point dit qu'au lieu de laiffer
dans les paroiffes la reffource des écoles à des peres de famille mal-aifés,
qui fupportent les charges publiques, on
plantoit par-tout des colonies de Freres
Ignorantins, célibataires fans motifs,
qui, fous prétexte d'une lueur d'utilité,
alloient former un des établiffemens les
plus étendus & les plus à charge à la
chofe publique. Je n'ai point dit qu'on
avoit tourné au détriment..... Je n'ai point
dit.... Je n'ai point dit toutes ces chofes,
parce que ce font des torts du moment,
que le gouvernement réparera, dès qu'il y
portera une attention plus fuivie; & que
mon deffein a été de relever nos mérites &
non point nos fautes, de faire une apologie de notre exiftence générale, qui eft
belle & impofante, & non une fatyre
de nos torts particuliers, qui font répa-
rables & peu évidens.

J'ai dit, il eft vrai, que je regarderois
mon difcours comme parfait, fi je me ren-
controis

controis toujours dans la suite de mes idées avec mon lecteur ; & vous croyez que je me fais tort en me mettant à cette mesure, parce que je suis souvent contredit par mon lecteur, quoique toujours estimé ? Je ne ferai point, Monsieur, le sacrifice de cet endroit ; parce qu'il est simple que j'ai voulu dire par-là que je desirois me rencontrer avec les lecteurs de bon sens, avec ceux qui recherchent la vérité de bonne foi, & non avec ceux qui ne cherchent dans ce qu'ils lisent que des raisonnemens propres à justifier leur esprit de parti, & les erreurs dans lesquelles ils abondent. J'ai au contraire averti ces sortes de lecteurs que je les mécontenterois ; mais je m'attends, il est vrai, à en être estimé, parce que je ne les blesse point pour les blesser ; parce que je ne les combats qu'avec l'évidence, sans sarcasme & sans passion ; & qu'il ne tient en effet qu'à eux que nous soyons parfaitement d'accord.

Ésope nous a laissé la fable d'une homme

entre

entre deux âges, qui, pour s'être laiffé élaguer la chevelure par fes deux femmes, avoit fini par fe trouver tout-à-fait chauve. Tel feroit, Monfieur, le fort de mon difcours, fi j'écoutois tous ceux qui ne me demandent qu'un léger rétranchement, pour qu'il ait complettement leur fuffrage. On y trouve de bonnes chofes; mais on ne peut pas y paffer cela ou cela. Et ce point-là eft juftement celui qui choque la prétention ou le fyftême qu'on s'eft fait; & ce point-là varie autant qu'il y a de fortes de prétentions: de façon que, fi je voulois contenter les diverfes fantaifies, peu-à-peu j'effacerois tout. Je fais, Monfieur, tout le contraire; &, en voyant qu'excepté dans le point de fa fantaifie, chacun y approuve tout, je conclus que c'eft moi qui ai raifon, moi qui n'ai d'autre fyftême, ni d'autres fantaifies que l'amour de la chofe publique. Et quand j'aurois porté à faux une ou deux fois dans le cours d'un ouvrage auffi long; depuis quand eft-on

devenu

dévenu si difficile, qu'on refusât pour cela
de m'accueillir ? Autrefois vingt bonnes
pages suffisoient pour qu'un ouvrage trou-
vât grace devant le public ; aujourd'hui
deux mauvaises phrases dans un bon ouvrage causent sa chûte ? La description de
l'homme, du cheval, de l'âne, & du
chien, a fait la fortune de la tant volu-
mineuse Histoire Naturelle : quelques lignes qui auront choqué les idées aventu-
rées du temps, feront rebuter un ouvrage bien conçu ? Il semble que, loin
d'être favorable au mérite, on atten-
de au contraire qu'il bronche, pour
lui tout refuser. On saisit une foiblesse,
pour vîte se récrier : « Dieu merci, voici
qui ne vaut rien ! Et l'on est tout satisfait d'avoir trouvé un prétexte de re-
jeter un ouvrage qui aura vingt autres
beaux côtés. Est-ce donc que le siecle seroit plus près regardant, à mesure qu'il
se trouveroit plus dépourvu de moyens ?

Un poltron révolté finit par avoir du
courage ; un homme modeste trop déprisé
finit

finit par montrer de l'orgueil. Je n'ai
point recherché la gloire, cela eſt certain;
mais je n'ai pas non plus viſé à être le plaſ-
tron des impertinences de ceux qui,
comme on dit, font une guerre d'a-
mour-propre avec tout ce qui veut dé-
paſſer la ligne commune; & je ne né-
gligerai rien pour montrer, lorſque je
le pourrai, que ceux qui veulent me
déprimer & m'impliquer, ſont eux-mêmes très-déraiſonnables & très-mal avi-
ſés. Vous me direz, mais ce n'étoit
donc qu'une fauſſe modeſtie que la vôtre?
Point du tout : c'étoit celle d'un homme
ſimple & honnête, qui ſait qu'il a une
ſorte de mérite, & qui, quoiqu'il ne
veuille point s'en prévaloir, attend de la
juſtice des autres qu'ils le lui accordent &
qu'ils lui en ſachent quelque gré. Pouſ-
ſer la modeſtie plus loin, peut être très-
beau ; mais n'eſt aſſurément pas dans la
nature. Je ne dirai point que cette ex-
ceſſive modeſtie eſt fourberie ou puſilla-
nimité ; je dirai qu'elle ne me va point;
que,

que, quand je voudrois l'affecter, elle ne seroit point ensemble avec ma maniere d'être ;
& que si je l'avois eue, je n'aurois point
fait le discours sur les usages des François.

Mon discours, Monsieur, contient
tous les principes sociaux ; ceux des monarchies, par application aux usages de la
France, & ceux de toutes les autres sortes de Gouvernement, par approximation
ou par opposition. Non-seulement il sera
utile au Gouvernement François qui y retrouvera toujours ses points de ralliement ;
mais il n'y a point de république qui ne
trouve à y profiter ; il n'y a point d'homme
d'état à qui il ne fournisse matiere à ré-
fléchir, indépendamment des maximes
saines d'économie & de vie privée, qui y
sont par-tout répandues, & qui sont utiles
aux personnes de toutes les conditions &
de tous les pays.

On offre depuis long-temps au public des
livres absolument vuides, qui ne signifient
rien autre chose, sinon que Monsieur un tel,
qui veut faire un personnage, s'est fait impri-

D   mer,

mer, pour qu'on dise Monsieur un tel a fait
un livre. A coup sûr si je n'avois eu que
cela à faire, je me serois tu. Mais avant
de paroître devant le public, j'ai examiné
si ce que j'avois à lui dire étoit digne de
son attention ; j'ai essayé mes forces ; j'ai
fait les provisions nécessaires pour me
présenter à lui dignement ; je m'y suis
long-temps préparé ; j'ai attendu que la
fougue de la jeunesse fût passée ; & je ne
me suis hâté, que quand j'ai senti ma force
à son plus haut degré, ne voulant pas
attendre, non plus que l'âge, ou la trop longue épreuve des adversités, eussent abattu
mon courage. Aussi je me flatte qu'on
m'accordera que je n'écris point pour
écrire, mais pour être utile & pour faire
penser. Ma phrase, bien ou mal, dit toujours quelque chose. Je n'accoste point le
lecteur pour le distraire de sa route,
mais pour m'en occuper avec lui ; je
l'en laisse le juge, sans le séduire, ni le
presser ; & il faut absolument qu'il sorte
plus fort d'avec moi, soit que je l'aie pour

ou

ou contre moi ; car, dans l'un & dans l'autre cas, je lui ai fait exercer sa raison.

Vos dernieres & plus fortes observations portent sur les Assemblées Provinciales, sur les Comptes Rendus, & sur le commerce des objets d'agriculture ; toutes choses qui plaisent, dites-vous, & que vous prétendez que je blâme mal-à-propos.

J'ai donné de l'étendue aux raisons que j'avois de blâmer les Assemblées Provinciales, dans une lettre que j'ai fait imprimer, avant que la loi qui les a établies fût émanée. La publication de cette lettre a été arrêtée sur le champ ; le Gouvernement avoit ses raisons pour passer outre ; le peuple a eu aussi les siennes pour accepter en quelques lieux ces établissemens. Ainsi, je n'ai plus rien à dire, quant au fait ; & c'est une cause que j'ai complettement perdue à cet égard. Mais, quant au droit, je soutiendrai toujours que cette institution est inconstitutionnelle ; que l'on doit consulter & faire ce qui convient

convient au peuple dans une monarchie
réglée , mais non compofer le peuple
en Affemblées régulieres & habituelles;
que les monarchies font inftituées pour
difpenfer le peuple des foins du Gouvernement, & non pour les lui réimpofer;
que lui donner de pareils foins, peut le
mener plus loin qu'il ne veut, & qu'il
ne convient à fa tranquillité. Je dis cela,
non pas afin que l'on adopte mon avis,
& que l'on renonce à cet établiffement;
mais parce que j'ai écrit fur le droit public, & que j'ai à cœur de dire ce que
je crois vrai. Cela ne m'empêche point
de convenir qu'il y a des momens où il
vaut mieux endurer un certain genre
d'abus, qu'un certain autre; cela ne m'empêche point de convenir que dans ce
moment les Affemblées provinciales peuvent faire quelque bien, en remettant de
la proportion dans l'impôt fur les terres.
Mais, ce moment paffé, je crois que cet
établiffement ne peut plus que gêner le
peuple; qu'il y renoncera lui-même, &
que

que la mémoire n'en restera que pour
avertir le Gouvernement de ne choisir
désormais que des bons Intendans, faits
pour savoir respecter les droits du peuple,
autant que pour faire respecter l'autorité
qui leur est confiée. Que si ces Assemblées devoient subsister, on leur trouveroit
bien d'autres vices relatifs, qu'il faudroit
y réformer ; par exemple, elles ont trois
degrés d'hiérarchie, un de paroisse, un
de district, un de province ; & il est évident que deux degrés suffisent ; savoir,
les Assemblées Paroissiales, pour asseoir
l'impôt, & l'Assemblée Provinciale pour
correspondre avec les Assemblées loca-
les ; l'Assemblée intermédiaire ou de district ne faisant que compliquer & embrouiller cette machine, sans utilité. Enfin,
ces Assemblées ont l'inconvénient de rétablir l'ancienne division du Royaume de nos
temps gotiques, en clergé, en noblesse, &
en tiers-état ; division absurde que nous
avions tant gagné à avoir abolie. Il est
évident que le clergé n'y a pas plus de

droit

droit que les autres magiſtrats ; que l'in-
troduction excluſive du clergé au premier
rang qui a eu lieu ſous Pepin-le-Bref, a
été abuſive, ſubreptice, & relative aux
circonſtances qui donnoient de l'importance à cet ordre; circonſtances qui, n'exiſ-
tant plus, doivent faire ceſſer les effets
qu'elles ont produits. En mettant aujourd'hui le clergé au niveau de nos
autres gens en place, ce ne ſeroit aſſurément pas lui faire tort. Ne ſeroit-ce
pas au contraire conſolider ſes avantages, & le garantir du danger dont il eſt
menacé de les perdre bientôt tous? Enfin,
poſer une ligne de démarcation dure &
habituelle entre la nobleſſe & le tiers-
état propriétaire, c'eſt favoriſer la peti-
teſſe d'eſprit, propager des préjugés barbares, iſoler les citoyens tout en les
raſſemblant, & chercher à ôter au peuple le plus communicatif cette grace &
cette égalité, qui lui inſpirent tant de pa-
triotiſme, & qui lui donnent tant de prééminence ſur les peuples étrangers. D'ailleurs,

leurs , dans la compofition de nos anciens états, chaque ordre avoit fon préfident & fes députés , qui étoient tous préfentés au Roi en cérémonie ; & le tiers-état , comme plus nombreux , avoit plus de députés. Sa condition aujourd'hui ne peut pas être moindre qu'alors. Il faut ou qu'il préfide à fon tour l'affemblée générale, ou qu'il ait fon préfident indépendant. Mais tout cela n'eft qu'une befogne ébau-chée , dont l'expérience fera connoître encore mieux les imperfections. La loi qui l'a créée annonce qu'on la rectifiera. Quant à moi, je confens, en faveur des circonftances, à me départir de ce que j'ai avancé dans mon difcours de trop abfolu à cet égard. Ce n'eft pas que le principe ne foit abfolu en lui-même ; mais je conviens que le bon efprit de la nation peut y mettre, dans la pratique, des adouciffemens qu'on ne peut pas calculer, & qui peuvent les garantir de l'anarchie où cette inftitution mene direc-tement.

Ja

Je crois, Monsieur, les Comptes Rendus à la nation, tels que celui de 1781, bien plus inconstitutionnels, bien plus insolites encore que les Assemblées. Quand les Notables de 1787 & les Parlemens ont porté des paroles à cet égard, toute la nation a su que c'étoit à un ministre imprudent qu'ils demandoient des comptes, & non point au Monarque. C'étoit comme conseil qu'ils en demandoient, & pour aider le Gouvernement à débrouiller un cahos qui sembloit devenir tous les jours plus obscur, & que la tranquillité a enfin éclairci. Ce fait est particulier aux temps & aux personnes ; mais jamais, depuis que la monarchie existe, nos Rois n'ont dit qu'en gros à la nation l'usage qu'ils vouloient faire, ou qu'ils avoient fait des subsides qui leur ont été accordés ; jamais la nation n'en a demandé davantage. Aujourd'hui le Roi a la condescendance d'en promettre ; c'est de la part du Monarque un trait de franchise auquel la nation ne

peut

peut dignement répondre que par un
redoublement de confiance, & par un
refus abfolu de les voir. Il eft grand au
Roi de les offrir ; il fera grand à la nation de les refufer. Plus Louis XVI agit
en cela en citoyen, plus un peuple libre
& généreux doit le traiter en Roi. Ne
doutons point que, fi le peuple François
étoit raffemblé, il n'en faisît la propofition avec une acclamation unanime ;
mais puifqu'il eft difperfé, & qu'il faut
un laps de temps pour former fon opinion, donnons-lui un ou deux ans pour
fe rallier à cet égard, & ne doutons point
que nous ne le trouvions alors rangé
tout entier au parti qui convient à fa ma-
gnanimité.

Enfin, l'afcendant qu'on veut donner
à l'agriculture fur toutes les parties de la
chofe publique, eft l'effet d'un fyftême
particulier à cette fecte de philofophes
connus aujourd'hui fous le nom d'écono-
miftes ; & je crois que ce fyftême, à
le prendre exclufivement, comme ils le

E   prétendent,

prétendent, nous feroit très-préjudiciable.
Nous ne devons avoir d'agriculture que
ce qu'il en faut pour nous, & nous devons avoir des manufactures & de l'industrie pour nous & pour les autres
peuples. La seule production de l'agriculture que nous pouvons faire entrer
utilement dans notre commerce avec
l'étranger, c'est nos vins; & encore
faut-il que ce soit nos vins exquis,
ceux dont le prix est marchand, auxquels les étrangers ajoutent une valeur
qui passe le prix ordinaire des productions
de la terre. Quant aux fruits communs,
& qu'on trouve presque par-tout, comme
le bled, le maïs & toutes les sortes de
grains, ayons soin, encore une fois, d'en
cultiver pour nous; mais ne soyons point
si jaloux d'en fournir l'étranger. Laissons
sans regret cet avantage à la Sicile, à
la Pologne, à la Barbarie; & souvenons-
nous que l'Angleterre ne demanderoit
qu'à nous voir travailler pour la nourrir,
tandis qu'elle travailleroit à rafiner ses
objets

objets d'induſtrie , & à en fournir l'u-
nivers. Quand nous nous occuperons
trop de l'agriculture , les autres nations
nous primeront bientôt dans le commerce , & pluſieurs nous égaleront dans
l'agriculture ; quand nous nous occuperons du commerce , la culture des terres
hauſſant par-là même , nous primerons à
coup sûr les autres nations, & dans les arts,
& dans le commerce, & dans l'agriculture.

Je perſiſte à ſoutenir que l'opinion publique à laquelle nos Princes doivent
avoir égard , n'eſt point la fougue du moment , ni ce bruit glapiſſant que forment
des partis empreſſés à amener l'autorité
à leurs vues. De tous les objets ſur leſ-
quels on a paru s'échauffer dans ce moment orageux , il n'y a eu que la réſiſtance aux impôts nouveaux qui ait
réuni toutes les opinions. Auſſi les Parlemens ont-ils été obligés de redoubler
leurs proteſtations à cet égard. Ces compagnies qui ſont toutes royales, quoique
à la tête du peuple , & qui , dans tous
les

les temps , ont été le plus ferme appui des droits du Roi, n'ont peut-être jamais défendu plus efficacement l'autorité du Monarque, ne l'ont jamais mieux conſervée que dans ce moment ſi preſſant, où ils lui ont oppoſé plus de remontrances. Jamais dans l'hiſtoire des conteſtations civiles , on n'a vu une réſiſtance plus ſage, une plus noble obéiſſance; jamais la voix publique , grace à cet heureux organe , n'a eu plus de force avec plus de circonſpection, n'a ſu s'élever & s'abaiſſer plus à-propos, & plus dignement. Cette criſe a encore eu cela d'heureux , qu'elle nous a montré l'excellente diſpoſition d'un Monarque capable de ſe déſiſter en faveur de l'opinion publique bien avérée, des projets qui l'avoient le plus ſéduit: exemple qu'avoit déjà donné le Roi Henri, lorſque venant à Paris faire enregiſtrer de force une loi qu'il avoit à cœur, & voyant que le peuple ne le ſaluoit point par l'acclamation ordinaire de *vive le Roi*, revint ſur ſes pas

à

à la porte du Palais, en se récriant qu'il renonçoit à son dessein, & qu'il aimoit mieux l'amitié de son peuple, que l'enregistrement de sa loi.

L'opinion, l'opinion, l'opinion publique, il faut savoir la respecter; voilà ce qu'on entend dire, de tous côtés, à des gens qui la blessent; mais j'ai crié avant tous, & plus haut que personne, l'opinion, l'opinion publique ! J'ai dit & j'ai prouvé qu'elle devoit être la base d'une Monarchie réglée; que l'opinion publique étoit, par excellence, les commices d'une nation libre, qui vivoit sous un Gouvernement royal; qu'il faut sans cesse que le Ministere la consulte; que sans cesse il en suive les mouvemens, sous peine de périr : mais l'opinion publique n'est point l'impulsion factice des partis, ni l'effervescence du moment; il faut plus ou moins de temps, pour qu'une nation, aussi nombreuse que la nôtre, fixe son opinion. Un instant lui suffit pour connoître ce qu'elle peut contribuer

de

de subfides à la chofe publique , parce
que c'eft une affaire de calcul ; mais pour
un objet plus compliqué d'ordre ou de
droit public , il lui faut plufieurs années ;
pour un objet d'art & de littérature , qui
eft moins inftant , il lui faut prefque un
demi – fiecle. Nous ne faifons que com-
mencer à juger Voltaire ; les préventions ,
pour & contre ce poëte ne commencent
qu'à peine à s'abattre.

Une preuve que la fureur de fe mêler
activement de l'adminiftration du Royaume , n'eft point l'opinion publique & le
fentiment national ; c'eft que l'on s'y livre avec une brutalité , & une lourdeur
qui ne permet plus de voir rien autre ,
& qui n'eft point dans notre caractere
libre & dégagé. Ni le commerce , ni
les arts , ni les lettres , ni même la guerre
ne feront bientôt plus capables d'occuper nos politiques. Mallebranche demandoit , après avoir entendu une piece de
Corneille , qu'eft-ce que cela prouve? Nos
publiciftes fe récrient à propos de tout ,
quelle

quelle autorité cela nous donne-t-il? Et
ils se détournent de tout ce qui n'entre
pas dans leurs vues. Il leur importe peu
qu'on raisonne ou qu'on parle bien ou
mal, pourvu qu'on les approuve. Que
deviendrons-nous, bon Dieu! si cette
enfarinure venoit à faire des progrès?
On parloit politique dans la Grece, mais
on y parloit sur-tout raison. On s'y occupoit
des arts, du bon goût; on vouloit que tout
y prît des formes heureuses & polies. Cet
esprit des anciens Grecs est le véritable
esprit des François. Revenons-y prompte-
tement; ne nous appesantissons sur rien,
portons nos regards sur tout, accueil-
lons tous les genres de mérite, & ne né-
gligeons aucune des choses qui peut tendre
à nous fortifier, à nous maintenir, ou à
nous illustrer.

Si l'on ne s'étoit pas si fort occupé
d'administration, on auroit vu les torts
réels qu'on nous a faits depuis dix ans
dans le commerce, & les avantages qu'on
a laissé prendre sur nous aux autres peuples.

ples. Nous donnons le ton à l'Europe, pour les meubles & pour les habillemens ; comment ceux qui donnent le ton chez nous, ont-ils si fort accrédité les étoffes de l'Inde & de la Chine, qu'ils semblent avoir pris à tâche, dans ces dernieres années, de vuider tous les magasins de l'Asie ; tandis que nos manufactures ont été découragées, que la plus florissante de toutes, celle qui avoit surpassé le Levant par la richesse & la beauté de ses tissus, est dispersée & anéantie, faute d'occupation. Voilà ce qu'il falloit que nos politiques fissent réformer ; & cela eût mieux valu, sans doute, que d'établir tant de systêmes vagues qui n'ont produit que des divisions.

J'ai eu raison, certes, d'avancer que la monarchie Françoise pouvoit être éternelle, si, lorsqu'elle sera arrivée au point de perfection où elle est faite pour atteindre, elle peut résister à l'esprit de renversement qu'on veut lui inspirer. Mais il est certain que, si, au lieu de repousser

la

la barbarie, nous la laissons se raffermir &
se perpétuer; que, si le peuple, loin d'accueillir ceux qui peuvent l'éclairer & le
fortifier, vient à les méprifer & à les rejetter; que, si le Gouvernement, au lieu
de faciliter le progrès des lumieres, s'ef-
force par une politique auffi vile qu'in-
confidérée à les pourfuivre & à les étouf-
fer, il eft vrai qu'alors l'état feroit, à
n'en plus douter, fur le penchant de fa
ruine. Et cette ruine feroit d'autant plus
déplorable, d'autant plus abfolue, qu'elle
lui arriveroit après avoir connu le bien,
& fait de vaines tentatives pour y parvenir. Mais hâtons-nous d'écarter des
idées que nous aimons à nous repréfenter
fans fondement, & ne fongeons qu'à
concourir chacun felon nos moyens, à
achever, à maintenir, & à confolider
l'édifice de notre profpérité.

Nicolas Pouffin, l'un de nos plus célé-
bres Peintres, a très-ingénieufement re-
préfenté dans un des plafonds du Louvre,
le génie du temps, qui découvre la vérité,

&

& qui la fait triompher aux yeux des hommes. Cette allégorie est juste & belle; mais une autre allégorie qui représenteroit le temps qui enleve, & qui cache la vérité, seroit également juste, quoique triste & déplorable. Car le temps, dans sa révolution, couvre & découvre tour-à-tour la vérité, la montre & la cache aux humains. Nous jouissons aujourd'hui de sa vue; mais les mouvemens qui agitent les esprits vont-ils nous en conserver le spectacle, ou le voiler encore pour long-temps? C'est ce que le cours des choses apprendra à nos neveux. Je ne puis rien prévoir à cet égard. J'ai développé le mieux qu'il m'a été possible à mes concitoyens les vrais principes de leur bonheur; c'est à eux à vouloir le conserver.

Les poëtes nous ont transmis l'Histoire du Phénix, cet oiseau par excellence, qu'ils se sont appliqués à vanter & à célébrer. Il est, nous ont-ils dit, unique sur la terre; il est souverainement beau; il est immortel. Quoiqu'il éprouve après

plusieurs

plufieurs fiecles l'apparence de la vieil-
leffe, & qu'il femble lui-même fe con-
fumer, il ne meurt point. Transformé
en reptile pendant quelques inftans, il
fe cache fous cette humble forme, pour
exifter dans les cendres qui le couvrent;
mais il en fort bientôt pour réparoître
dans tout fon éclat, & pour reprendre
vers les cieux fon vol éternel. C'eft la
fageffe que les poëtes ont voulu défigner
fous l'emblême de cet oifeau fameux;
c'eft la fageffe, fille de la vérité, guide
affuré des empires & des familles; c'eft
elle qui eft le Phénix dont ils ont ainfi
célébré les merveilles. Là fageffe eft unique; elle eft belle; elle eft immortelle;
elle femble quelquefois dépérir parmi les
hommes; la folie & l'erreur paroiffent
quelquefois prévaloir fur fes antiques pré-
ceptes; mais elle ne meurt point : elle
rampe alors, elle fe concentre pour exifter, pour fe faire paffage à travers les
crimes & la corruption : elle eft cachée;
mais elle eft toujours vivante dans des

cœurs privilégiés, qui, malgré la dépravation générale, favent la connoître, la
chérir & la garder, & qui lui font de
nouveau reprendre fon empire fur les
peuples, que les infortunes où ils fe plon-
gent en la fuyant, détrompent enfin de
leurs erreurs.

Quant à moi, doublement atteint par
les malheurs de l'état, & comme fervi-
teur & comme citoyen, circonfcrit par
les gens de tous les partis qui veulent
ôter leur effet aux vérités que j'ai pu dire,
déprifé bien adroitement, fans éclat, avec
conduite, par tous les amateurs de célébrité, allarmés de l'apparition d'un nouveau concurrent; tourné en ridicule par
de grands perfonnages dans de petites
nouvelles; entouré d'ennemis adroits qui
fe croient fûrs de me faire tomber, pourvu
qu'on ne faffe pas de bruit; inconnu de
ceux dont je fers la droiture, & en butte
à ceux que mon impartialité indifpofe;
ifolé, rabaiffé, réduit, je fuis préparé à
tout fouffrir, & je perfifterai à tout obferver.

ferver. Content de me tenir affis aux portes du palais ; comme le fidele Mardochée,
j'y verrai monter de perfides Aman, je
les en verrai quelquefois defcendre ; ce
fera là mon triomphe ; & je me trou-
verai toujours affez fortuné, fi je puis
laiffer aux miens l'exemple d'un attachement invariable à ma patrie & à mon
Roi, & l'eftime des honnêtes gens.

Il eft vrai que l'eftime des gens de
bien eft trop fouvent froide & vague ;
tandis que la malice eft active, ardente,
précife ; il eft vrai encore que tous les
grands ouvrages qui fe font foutenus,
ont été portés par des partis. Le Port-
Royal a lancé les Lettres Provinciales ;
le Clergé, l'Hiftoire Univerfelle ; les gens
de robe, l'Efprit des Loix ; les Acadé-
miciens, l'Encyclopédie ; Voltaire lui-
même, malgré tous fes fuccès, étoit
obligé de s'entretenir un parti ; il avoit
des fociétés à Paris, & dans prefque toutes
les grandes villes, qui ne prêchoient que
lui. Rouffeau, qui n'avoit point de parti,

s'eft

s'eſt vu mille fois au moment d'être honni
inſulté, écrâſé. Que de peines il lui a fallu
prendre pour obtenir grace de ſon mérite ! Ne l'a-t-on pas vu obligé de recourir à mille originalités, de s'habiller
en Arménien pour ſe mettre ſous la ſauve-
garde de l'attention publique ? Avec moins
de moyens que lui, je ſuis cependant bien
décidé à ne rechercher d'autre parti que
celui de la raiſon, que le parti des honnêtes gens de tous les partis ; & je ne
déſeſpere pas de prouver, par un plein
ſuccès, qu'il eſt devenu chez nous le plus
nombreux, le plus ſûr, & le plus puiſ-
ſant.

Peut-être que, ſurpris de m'entendre
ſi ſouvent me récrier ſur les triſtes effets
de l'eſprit de parti, me demanderez-vous
ce que j'entends par un parti, & où je
trouve qu'il y ait des partis ? Un parti,
Monſieur, eſt une aſſociation d'hommes
intrigans, qui ont un prétexte quelconque
de défendre un même ſentiment, qui ont
un paĉt ſecret de s'étayer réciproquement,

ment , non-seulement pour faire valoir
ce sentiment , mais encore pour se faire valoir les uns les autres ; de sorte qu'en ser-
vant leur parti , ils suivent encore plus
leur intérêt , que leur persuasion & la
vérité. Les Jésuites avoient un parti ;
les Ultramontains leur ont succédé ; les
Économistes ont un parti ; la tourbe philosophesque forme un parti ; d'anciens
ministres ont quelquefois des partis pour
forcer le Gouvernement à les reprendre ;
les Agioteurs font un parti ; les Eaux de
Passy font venues à bout de former un
parti. Avec un parti l'on va , & il faut
aujourd'hui tenir à un parti pour faire
quelque chose. Malheureusement pour tous
ces partis , lorsque la raison qui est de
tous les temps & de tous les lieux , mais
qui est trop souvent dispersée , & peu en
garde ; lorsque la raison , dis-je , s'apperçoit qu'elle est trop long-temps jouée
par ces partis , elle fait à la fin à son
tour un parti , qui écrase tous les autres

Le difcours fur les ufages, eft le livre
du temps ; c'eft le fiecle qui l'a produit ;
je n'ai fait que le rédiger. C'eft ainfi que,
lorfque l'on s'occupoit par-tout de difputes
théologiques., on vit paroître les Lettres
Provinciales où le génie de Pafchal raf-
fembla dans un feul foyer, ce que l'intelligence de la nation avoit conçu &
arrêté fur toutes ces queftions. C'eft ainfi
qu'un autre moment, où l'on s'occupoit
généralement de la prééminence de la
religion Catholique fur les églifes pro-
teftantes, a produit le difcours fur l'Hiftoire Univerfelle. La grande ame de Boffuet a embraffé toutes les parties de ce
vafte fujet, & a rendu avec vigueur &
briéveté ce que tout le monde étoit venu
au point de penfer & de favoir. Aujour-
d'hui c'eft le tour de la politique ; toutes
les vues font portées de ce côté : après
avoir tout agité, la nation a arrêté fes
principes à cet égard ; je n'ai fait qu'exprimer avec impartialité & avec courage
ce que l'Univers voit en nous, & ce

que

que nous y trouvons nous-mêmes, quand
nous nous examinons fans préjugés. Si je
n'eusse pas fait ce discours, un autre
l'eût fait, peut-être mieux que moi,
mais non avec une plus profonde intention d'être utile, vrai, & honorable à
la France. Aujourd'hui cet ouvrage est
fait ; je m'en suis emparé, & on ne peut
plus le refaire, car on feroit nécessairement le même. Il faut bien qu'on me
laisse un mérite qu'on ne peut plus m'ôter,
le seul dont je m'honore, celui d'avoir
saisi le premier la parole, & de l'avoir
portée avec la noblesse qui convenoit au
peuple François. Colomb n'a pas empêché qu'on allât avant lui en Amérique ;
cependant, c'est lui qui y a été avant les
autres, & rien aujourd'hui ne peut faire
qu'il n'en ait pas montré le premier le
chemin.

Il me reste à vous répéter que, si mon
discours n'est pas le tableau de la Monarchie Françoise, telle qu'on la réglera

G   pour

pour l'avenir, il n'en fera pas moins le tableau d'une belle Monarchie; il n'en fera pas moins vrai, que cette belle Monarchie aura été la nôtre pendant les regnes longs & éternellement mémorables de Henri IV, de Louis XIII, de Louis XIV, & de Louis XV. On y verra toujours avec plaifir comment nous avons maintenu notre liberté fous des Princes qui ont exercé la fouveraineté la plus abfolue; comment notre Gouvernement a pu faire tout ce qu'il a voulu, quand il a fu fe conformer à l'opinion publique, & ue vouloir que ce qui a fait le bonheur du plus grand nombre. Cette peinture vraie de ce que nous aurons été, vaudra peut-être bien aux yeux de la poftérité, les romans politiques de tant de philofophes, qui n'ont travaillé que d'après leur imagination.

J'ai l'honneur d'être, &c.

3

TROISIEME LETTRE

DE L'AUTEUR

DU MODE FRANÇAIS,

Où il traite des divers effets que produisent sur les esprits les diverses manieres d'exprimer une même chose.

———

3 Janvier 1788.

IL faut donc, Monsieur, que je vous parle encore de moi, que j'acheve de me justifier d'avoir osé faire un Discours apologétique de nos usages, & que je me disculpe enfin tout-à-fait devant les Français, des éloges que j'ai eu la hardiesse de donner au Gouvernement des Français.

J'ai toujours cru sincérement que notre

Gouvernement faifoit une partie de nos ufages, & qu'il étoit de notre choix. C'eft dans ce fens que j'en ai fait l'éloge. Et cet éloge, tout conforme qu'il eft à l'ordre & à l'obéiffance, m'a paru plus noble & plus vrai que les criailleries tant répétées des frondeurs, qui donneroient à la fin à penfer que les Français languiffent fous un joug qu'ils portent malgré eux, & dont ils fe garantiroient, fi leurs forces pouvoient répondre à leurs intentions. Quoi qu'il en foit, Monfieur, je perfifte à penfer que les frondeurs du Gouvernement déshonorent la France, & que ceux qui l'aiment, & qui le louent, la fervent, l'illuftrent & la fortifient.

J'ai dit, je crois, tout ce qu'il y avoit à dire d'important à l'avantage du Gouvernement Monarchique, & à l'avantage du Gouvernement Français. Plein de mon fujet, certain d'abonder en raifon, je n'ai eu d'autre embarras que de me contenir dans les bornes d'un recit fimple, d'éviter des éclats & des emportements inutiles dans le développement des principes élevés, justifiés jusqu'ici par des grands, par de magnifiques effets. On ne m'accusera pas d'y avoir voulu mettre de l'esprit, c'est si peu de chose que l'esprit dans tout ce qui parle à l'ame, & qui l'éleve. J'ai apporté pour traiter la matiere que j'ai choisie un esprit simple, & autant que je l'ai pu un sens droit. J'ai tâché que mes idées fussent dans un bel ordre, qu'elles s'amenassent les unes les autres, & qu'elles concourussent à s'éclaircir mutuellement, pour diminuer d'autant le travail du lecteur. Il falloit pour porter de la lumiere & de l'intérêt dans des discussions souvent très-abstraites, il falloit que mon style fût clair, plein de vie & de chaleur, mais pourtant sans anthousiasme & sans passion, & c'est à quoi j'ai sur-tout veillé. Parmi le nombre considérable de vérités que j'ai rassemblées, il n'y en a peut-être qu'un petit nombre, qui, présentées séparément, sor-tissent de l'ordre ordinaire; mais leur réu-

nion forme un bloc qui attireroit toujours l'attention, quand même je n'aurois point pour moi les détails. Mes
phrases les plus fimples & les plus né-
gligées fe rapportent toutes à un but
commun qui leur donne de la force &
de la valeur; ce font des lignes qui abou-
tiffent au même centre, & fi mon ouvrage a quelque mérite, c'eft fans doute
celui de l'enfemble & de l'unité.

Il me refte à vous faire voir que cette
unité & cet enfemble font portés dans
mon Difcours auffi loin que les ouvrages
humains le comportent, & que mon
expreffion même concourt par-tout, autant qu'il eft poffible, à faire paffer dans
l'efprit de mon lecteur les fentiments
que j'ai voulu lui infpirer.

Si c'eft une vérité inconteftable que
la bouche parle plus volontiers de ce
qui abonde plus dans le cœur, c'eft une
vérité toute auffi grande & toute auffi
utile à remarquer, que ce que l'on dit
prend la teinte de la difpofition où l'on

eſt, & que la même choſe dite ou d'une
maniere indifférente, ou d'une maniere
mépriſante, ou d'une maniere appro-
bative, produit ſur les eſprits qui ne ſont
point en garde, trois effets tout-à-fait
différents, quoique la choſe dite ne change
point en elle-même de nature. Et cet
effet eſt d'autant plus grand, que la perſonne qui parle a plus d'eſprit, de chaleur, de puiſſance, & que ſon élocution
eſt plus pure, plus parfaite, & par con-
ſéquent plus ſéduiſante.

Sans doute que moi qui ſuis plein d'a-
mour pour ma patrie, ſans empreſſement
ridicule, & ſans inquiétude d'eſprit, qui
ſuis plein de reſpect pour le Gouvernement ſans approuver ſes fautes, ni juſtifier ſes erreurs, ſans doute que mon Diſcours a pris la teinte de cette diſpoſition, & que tout ce qui nous eſt avantageux reſſort plutôt ſous ma plume que
ce qui nous ſeroit défavorable & déplai-
ſant; il faut bien qu'il y ait au moins un
Ecrivain de ce genre. On ne peut pas

toujours voir les chofes par leurs mauvais côtés. Quant à ceux qui n'aiment point leur patrie ils parlent d'une maniere conforme à leurs difpofitions ; les louanges mêmes qu'ils font forcés de lui donner, prennent un tour amer & critique qui en détruit l'effet. Ces perfonnes trouvent ma maniere mauvaife, qu'ils me permettent de trouver la leur déteftable, & de prouver devant le public qu'en cela ils ne manquent pas moins au bon goût, qu'à la vérité & à la raifon.

Lorfque j'ai lu les Effais de Montaigne & toutes les citations dont ils font entremêlés, je me rappelle qu'ils m'ont fait un effet tout contraire à celui que je vois qu'ils font communément. J'étois indigné, révolté du fyftême : j'étois enchanté du ftyle, je ne me laffois point d'admirer la grace, l'imagination, le bonheur de l'expreffion. Les gens du monde, qui font volontiers de ce livre la bafe de leur philofophie, y admirent tout, le fond & la forme : & c'eft, felon

moi, ce qui a fait le plus d'inconsé-
quents, le plus d'égoïstes parmi nous, ce
qui a le plus détourné les Français d'exercer sur eux-mêmes une juste sévérité, ce
qui les a le plus portés à caresser leurs
mauvaises inclinations, ce qui a enfin souvent donné à leurs vertus la teinte de
quelque vice.

Toujours occupé de lui, rapportant
toujours tout à lui, proposant la vertu
comme spectacle, le vice comme pratique, développant avec complaisance
les foiblesses humaines dans le récit qu'il
fait des siennes, salissant avec une sorte
d'agrément les plus beaux traits de force
& de courage qu'il rapporte des autres.
Montaigne a eu l'art de donner la vie
d'un gentilhomme obscur, plein d'amour-
propre & de sottes inclinations, il a eu
l'art de la donner pour un traité de morale, pour un cours d'instruction. Chacun
trouve dans son livre le développement de
tout ce qu'il éprouve de mauvaises dispositions, la lâcheté, la pusillanimité, la pa-

reffe, & fur-tout la vanité y jouent un rôle confidérable , & chacun dit, me voilà bien , c'eft bien-là ce que je fuis : le fameux Montagne étoit comme moi : c'eft-là l'homme par excellence. J'ai bien tous les défauts de Montagne : il n'eft queftion que d'en convenir élégamment , voilà en quoi confifte l'humaine perfection.

Je conviens avec Montagne & avec fes feCtateurs, qu'il eft vrai que nous avons le germe de tous les vices, mais nous avons auffi le germe de toutes les vertus ; & ce ne font pas les vices qu'il faut qu'un philofophe mette complaifamment en jeu , mais les vertus. Nous n'avons pas befoin d'appui pour courir au vice : la la nature dépravée ne nous en montre que trop le chemin : nous avons befoin qu'on nous aide pour aller à la vertu qui tient à une nature plus épurée , plus embellie, qui eft le fruit de la réflexion, & qui contrarie les paffions brutales , toujours les premieres à fe préfenter. Il
faut

faut par des defcriptions heureufes pouf-
fer les fentiments de ce côté ; mais dans
tout Montagne la vertu eft en précepte,
& le vice eft en action. Les préceptés
font fecs & s'oublient : les faits vivement
narrés pénétrent & s'impriment. Ainfi le
réfultat de toute fa philofophie, eft de
rendre l'homme plus vain & plus mé-
chant, & de lui apprendre à fe juftifier
de fes foibleffes, & à donner une tournure agréable à tous fes défauts : ce qui
eft la deftruction de toute morale , &
l'antipode de la vertu.

C'eft une chofe bien utile à remarquer que l'effet du livre de Montagne,
combien il eft artificieufement tiffu ,
comment l'expreffion y détourne de la
penfée, & par quel chemin femé de fleurs,
il vous mene très-loin du but moral qu'il
fembloit d'abord vous propofer. Plus
armé contre fon fyftême que ceux qui
le lifent communément, je me fouviens
qu'à la fin de fon livre, lorfque j'étois le
plus irrité contre fes principes & contre

B

fa maniere captieufe de les inculquer, il m'a encore joué le tour de fe faire aimer, par le récit de fes foins pour échapper avec fa famille à la contagion qui affligea la France de fon temps. Cette diverfion qui le rend intéreffant & à plain-dre, dénoue fon livre fi heureufement qu'il n'eft pas poffible que le lecteur penfe aux dangers qui réfultent de fa philofo-phie. Il acheve par-là de lui dérober la vue de fon artifice : & il le laiffe imbu de fentiments très-malhonnêtes, & capa-ble en même temps de toutes fortes de faux raifonnements pour les appuyer.

Sur le plus beau trône du monde, dit Montagne, & je rougis en vérité de faire une telle citation, mais la célé-brité de Montagne m'excufe » fur le plus beau trône du monde, vous n'y êtes affis que fur votre cul. La belle philo-fophie ! le beau motif d'égalité ! Les plus grands hommes comme les plus vils, les plus vertueux comme les plus fcélérats, les plus qualifiés comme les

plus dégradés, ont ce qu'il dit là, &
s'en fervent auſſi pour s'aſſeoir : ce n'eſt
pas une raiſon pour les rapprocher. On
n'enviſage rien par de ſemblables côtés.
Convenez que cela n'eſt que gai & biſarre, & point du tout moral. Montagne
eſt tout rempli de traits pareils qui di-
vertiſſent l'eſprit, & qui choquent le
bon ſens.

Port Royal a réfuté Montagne. Mais la
févérité de Port Royal n'a pu triompher
de l'amabilité de notre écrivain gaſcon.
L'élégance des formes l'a emporté ſur la
ſolidité du fond : je crois qu'en avertiſ-
ſant le public de ſa ruſe, on met autant qu'il faut le lecteur en état de s'en
garantir. Il eſt à portée d'en faire lui-
même une critique juſte : tout le charme
tombe : on voit alors avec plaiſir ce que
l'ouvrage a d'agréable, ſans être atteint
par ce qu'il a de dangereux : & on le
lit comme l'hiſtoire amuſante d'un fat,
plein d'idées immorales & libertines,
rempli de génie & de goût dans l'expreſſion.

Montefquieu dans fon Efprit des Loix
a très-fouvent tort & n'a point d'ordre.
M. Linguet qui le réfute dans fa Théorie
des Loix a fouvent raifon , & n'eft point
fans méthode. Cependant le livre de
Montefquieu fera éternellement admiré ,
le livre de Montefquieu plaît , éleve ,
inftruit , celui de M. Linguet a rebuté
tout le monde & a fini par tomber dans
le mépris. Pourquoi cela ? C'eft parce
que le ftyle de Montefquieu eft noble,
original, vafte, quoi qu'incorrect & dur ,
& que le ftyle de la Théorie des Loix eft
petit , commun , fouvent groffier & indécent , infultant plutôt que hardi , li-
centieux plutôt que libre , & fur-tout
fans égards pour le lecteur qu'il femble
vouloir perfuader à coups de poings.

J'ai blâmé quelquefois Montefquieu
dans mon Difcours fur les ufages , mais
je ferois bien fâché de ne pas lui reconnoître avec tout l'univers un mérite infini. Il veut dans fa préface qu'on ne lui
admette aucun détail , fi l'on n'adopte

pas son système entier. Je fais comme tous ses lecteurs, je rejette sa demande & je respecte son intention. J'admire ses détails, parce qu'ils sont beaux & vrais : je rejette son système, parce qu'il est faux, & insoutenable. Montesquieu nous fournit peut - être un des plus grands exemples de la vérité que je vous développe ici, & prouve combien le ton dont on dit les choses a d'influence & d'empire sur les esprits.

Jean-Jacques Rousseau dans son traité du polisinodisme a l'intention d'être utile au Gouvernement Monarchique, mais il n'y procede point qu'au préalable il n'ait débité cinq ou six pages d'insolences contre les Ministres Monarchiques, de sorte que tout l'intérêt est détruit avant qu'on soit entré en matiere, & que le lecteur ne se soucie plus de sçavoir ce que l'on peut conseiller à des gens bien moins dignes d'être soutenus que confondus & exterminés. Ce n'est point ainsi que l'on ramene les hommes à la

raifon ; l'on peut dire que de pareils difcours vont directement contre leurs fins,
& montrent que tout en prêchant l'ordre, un homme d'efprit peut très-effica-
cement femer tous les germes du défordre.

Un prédicateur qui en exhortant à la
continence, feroit des peintures fédui-
fantes des actes les plus voluptueux,
qui n'en parleroit qu'en termes capables de réveiller les idées du plaifir, auroit beau les défendre par le précepte
& par le raifonnement, il laifferoit l'imagination de fes auditeurs pleine d'appétit
pour les objets défendus, & leur efprit
abfolument vuide des confeils qu'il leur
auroit donnés pour les éviter. Parce que
l'imagination & le fentiment trop exci-
tés ôtent tout leur effet à la réflexion
& au raifonnement, & que pour arriver,
en parlant, au but qu'on fe propofe, il
faut appuyer par le fentiment ce que l'on
prouve par le raifonnement, & ne jamais détruire ou affoiblir par l'un, ce que
l'on veut édifier par l'autre.

Et cet enſemble dans ceux qui parlent bien n'eſt pas un artifice, mais l'effet d'un eſprit vrai, d'un cœur droit. Le contraire dans les autres eſt l'effet ou de l'ineptie, ou de la malice, ou tout ſimplement d'une mauvaiſe inclination à laquelle ils ne penſent point.

Rouſſeau dans ſon Contrat Social eſt contraire aux Etats Monarchiques ; ici c'eſt ſon deſſein, & les mots & les choſes n'y ont point une différente direction. Mais ce livre qui eſt plein de propos âcres contre les Monarchies & d'éloges des Démocraties, ne doit rien prouver autre aux hommes ſenſés, ſinon que le même écrivain auroit pu mettre ſon lecteur dans une diſpoſition toute contraire, s'il eût, avec un cœur pénétré, fait pour les Monarchies, ce qu'il a fait pour les Républiques. Et tout cela n'eût dépendu que de la maniere dont il eût exprimé les mêmes choſes.

Les écrivains qui ont ſuivi Jean-Jacques Rouſſeau & en général tous les

gens de lettres qui ont trop médité les
ouvrages de l'antiquité affichent le mépris pour les Monarchies, & une estime
trop partiale pour les Républiques. Il
est vrai que tous les chefs-d'œuvres antiques qui nous sont parvenus sont sortis
des Républiques , & que les esprits
accoutumés à les étudier doivent naturellement conserver l'impression de
l'admiration pour ce qui les a produits.
Les jeunes gens en sortant des colleges
sont imbus de ces préventions, & quand
ils s'avancent vers les emplois civils ,
ils peuvent d'autant moins concilier cette
emphase dont ils sont pleins , avec les
devoirs plus tranquilles de l'état Monarchique ; ils peuvent , dis-je , d'autant
moins la concilier, qu'ils ne trouvent
aucun ouvrage qui les instruise de la
différence , aucun qui les avertisse que
nous valons autant dans une autre maniere , aucun qui leur mette devant les
yeux , les succès , les avantages , les
chefs-d'œuvres dans tous les genres que
seuls

feuls de tous les peuples Monarchiques,
nous oppofons à toutes les Républiques
de l'antiquité.

Dans fon hiftoite des établiffements des
Européens dans les deux Indes, M. de
Reynal pouffe la partialité pour les
Républiques jufqu'au fanatifme & à la
fureur. Il ne va pas moins qu'à faper
par-tout le trône & l'autel. Ce livre,
d'ailleurs intéreffant par fes defcriptions,
a altéré dans tous les cœurs l'amour
pour les Gouvernements Monarchiques,
y a renforcé les préventions pour les
états Républicains, & prefque toute
la magie de ce livre eft dans les mots
& dans le retour continuel d'expreffions
véhémentes & emportées, placées dans
des moments, où il a ému par quelque
fait particulier, qui ne conclud rien pour
le général.

Mais fi nous avions en effet le génie
Républicain, pourquoi n'avons nous pas
eu dans l'univers étant républiques, la
prépondérance que nous y avons obtenue

C

dès que nous avons été Monarchies ? Nos Gouvernements Gaulois étoient Républicains : nous vivions fous une de ces inftitutions fédératives que Rouffeau vante fi fort : pourquoi dans la fuperbe pofition, où nous étions alors comme aujoud'hui, n'avons nous pas été ce que les Grecs, ce que les Romains ont été ? Nous nous fommes, il eft vrai, toujours montrés libres & guerriers, parce que cela tient à notre caractere ; mais fans civilifation, fans influence, fans confidération, fans force politique, & pour tout mérite, de braves barbares. Nous n'avons pas été plutôt réunis fous un Roi, que nous fommes devenus le premier peuple de l'Europe & du monde, nous avons fait reculer & finir l'empire Romain, confumé l'empire Grec, fait éclore autour de nous des puiffances que notre propre force a confolidées, & nous fommes devenus le plus généreux, le plus grand, le plus fûr, & par le laps du temps, le plus ancien des Gouvernements.

M. d'Argenson, dans ses considérations sur le Gouvernement Français, M. d'Argenson, sujet fidele, bon citoyen, Ministre habile, écrivain passable, a fait un tort infini à l'administration Française, par la maniere dont il a présenté ses idées. Il prêche le respect pour le Gouvernement, il en inspire le mépris. Son discours rend odieux ce que ses projets voudroient faire honorer. Je vais vous citer quelques traits où cette maniere se fait remarquer.

Il dit pag. 34. *Les Ministres choisis par le Monarque seul ont ordinairement les défauts de leur commettant: ils s'occupent plus du maintien de leur autorité que du bien général.* Cette disposition dans les Ministres est un devoir, puisque le bien général est sur-tout dans le maintien de l'autorité. Mais il faut fronder. On choisit des pensées qui y prêtent, la tournure de l'expression fait le reste.

Page 118. *Par la suite le Gouvernement Militaire a dégénéré en France en Gouver-*

nement Financier....... *On abandonna
d'abord la finance aux Juifs, gens méprifés & abhorrés, tandis que les Financiers font aujourd'hui nos véritables Magiftrats.* Cela eft radicalement faux. d'ailleurs pourquoi rendre odieufe une pro-
feffion néceffaire? Les Financiers étoient
odieux quand ils étoient odieux, aujour-
d'hui qu'ils ne le font plus, ce n'eft pas
à M. d'Argenfon à vouloir redonner
cours à ce défordre par fes exhorta-
tions.

Page 125. *Les Monarques......... ne
font pas encore confifter leur gloire à faire
le bonheur de leurs fujets, mais feulement
à les affujettir pleinement.* Le Gouvernement Républicain affujettit auffi pleinement les Peuples. On ne peut rien faire
avec une autorité partagée : mais il faut
rendre odieux les Monarques.

Page 145. *Cependant les Cours de nos
Rois ont encore confervé un des incon-
vénients des anciennes : on s'empreffe de
s'y rendre, & on s'y ruine, dans l'efpoir,*

quelquefois trompeur, de s'y accréditer.
Où iroient donc les grands si ce n'est
à la Cour ? M. d'Argenson voudroit-il
qu'ils restassent chez eux, à mourir
d'ennui, à fomenter des divisions, ou
que les Cours étrangeres, plus brillantes,
les attirassent ? La Cour est leur élément
naturel. Les grands sont faits pour les
grands emplois. Quand ils les sollicitent
& les obtiennent à la Cour, cela est
juste. Au reste il y en a mille qui passent
toute leur vie à la Cour par choix & par
goût, & qui n'y ont jamais rien obtenu,
ni rien demandé.

Page 147. *Aux Assemblées augustes
des Etats-Généraux a succédé l'aigreur
importune des Parlements, composés de
Magistrats qui apprennent aux Peuples
qu'ils sont esclaves sans pouvoir en rien
diminuer le poids de leurs chaînes.* Quelle
âcre & insultante proposition ! Elle porte
à faux si complettement qu'elle ne blesse
plus, mais l'histoire ne nous montre aucune Assemblée d'Etats Généraux qui

ait eu d'heureux effets. Les Parlements n'ont d'aigreur importune que pour les Miniſtres qui compromettent le Roi : nous ſommes bien plus libres depuis qu'ils défendent l'intérêt du Prince & des Citoyens, & le poids des chaînes n'eſt qu'un mot odieux & déplacé.

Page idem. *Le réſultat de ces contra-dictions inſuffiſantes a été une maniere de lever les ſubſides la plus fâcheuſe qu'on puiſſe imaginer. On négocie en finance comme en politique avec des gens qui ſe chargent de vexer les Peuples au nom du Roi, de la maniere la plus lucrative, & qui en même temps faſſe le moins crier. Les artiſans de cette manœuvre étoient connus pendant le dernier ſiecle ſous les noms odieux de Traitants, Maltotiers, aujourd'hui cela s'appelle des Financiers.* Voilà bien du fiel & de l'aigreur. M. d'Argenſon fait ici ce que M. de Mon-teſquieu dit que font les Médecins dans leurs livres. Il nous fait trembler quand il exagere nos maux, comme s'ils étoient

tous extrêmes, pour nous raffurer quand
il parlera de fes moyens de guérir,
comme fi nous allions devenir de purs
efprits. Mais il me femble qu'on pourroit être moins amer, ne pas fuppofer
des intentions fi méchantes, fi baffes,
& fi inutiles à l'adminiftration. Je trou-
verois au contraire que les ménagements
qu'elle eft obligée de prendre en cela
prouvent notre force & notre liberté.
Toute prévention ceffante, il faut des
fubfides enfin, & il n'y a pas de peuple
à qui on ait donné plus de recours
contre les Traitants.

Page 149. *Il eft étonnant que l'on ait
accordé une approbation générale au livre
intitulé le Teftament Politique du Cardinal
de Richelieu, ouvrage de quelque mauvais
Commis, &c.* Parole indécente, ton mal-
honnête, air léger, & qui ne prouve
rien. Mais on parle comme on raifonne.
Mauvais Commis, qu'en fçavoit-il? Cet
homme ne pouvoit-il pas être bon Commis, quoique mauvais Ecrivain? Je n'ai

pas vu écrire le Teſtament à Richelieu, & j'y trouve des endroits embarraſſés, mais cet ouvrage eſt grand, il rappelle de grands objets, il n'y a pas un homme en place qui ne le liſe avec fruit, il ſera toujours eſtimé des gens raiſonnables parce qu'il édifie, & celui de M. d'Argenſon en ſera toujours rejetté parce qu'il détruit.

Page 149. *La vénalité des Offices ſem-blable à un principe de corruption qui in-fecte toute la maſſe du ſang, a détruit en France toute idée du Gouvernement popu-laire.* Je vois tout le contraire : elle a rendu les places acceſſibles au tiers-état, & comme elle ſuppoſe des richeſſes & des moyens, elle y a mis, pour la plu-part, des gens inſtruits & élevés libéra-lement. Qu'on les mette en commiſſion, on ouvrira une porte de plus à l'intrigue. On avoit des gens riches, on aura des gens à enrichir.

Page 151. *La vénalité des charges a la plus baſſe de toutes les origines, l'avarice,*
l'argent,

l'argent, *la cupidité.* Elle a, selon moi, pour origine le besoin de subsides, & l'envie d'en lever sans gêner les peuples. Elle forme un lien de plus pour assurer l'inamovibilité des charges qui en sont susceptibles. M. d'Argenson ne feroit-il pas croire à ce langage qu'en vendant l'Office on vend la Justice.

Page 161. *Les peuples sont soumis au point de n'avoir pas la force de connoître où sont leurs véritables intérêts. Ils baisent les fers dont ils sont enchaînés, ou gémissent sans faire aucuns efforts pour s'en débarrasser.* Discours digne des Gracques. Tocsin de révolte. C'est par ces encouragements séditieux que nous sommes arrivés au point de désordre où nous sommes. Heureusement cela est encore plus faux que mordant, plus absurde qu'insultant.

Page 165. *On pourroit dire que le Monarque ne songe qu'à avoir de l'argent, puisqu'il ne voit le bonheur de ses Sujets que par les yeux de son grand Trésorier.*

Nouveau trait acerbe contre la Royauté ;
la même chose n'arrive-t-elle pas sous
les Républiques. Il n'y avoit qu'un cri
contre l'avarice des Romains , & les Républiques , quoi qu'on en dise , sont à
cet égard plus tenaces que les Rois. Mais
cela est faux à notre égard. Les premiers
soins du Roi sont pour l'administration
de la justice & l'ordre civil ; viennent
ensuite les affaires étrangeres , l'affaire
des finances n'arrive qu'après. Et le peuple Français a plus de moyens de résistance à cet égard , qu'aucune République.

Page 181. *Il faudroit. . . . que le public
fût admis autant qu'il se peut dans le
Gouvernement du public.* Comme cette
tournure est maligne & satyrique ! Ne
sembleroit-il pas , au dire de M. d'Argenson , que le Roi nous donne pour Magistrats des Bulgares , des Ragusois ?

Page idem. *Mais il faudroit des ames
fermes , & des cœurs purs pour se con-
duire conformément à des vues si désirables*

Oui, il faudra faire des cœurs purs, des ames fermes pour exécuter les fyſtêmes de M. d'Argenſon. En attendant, comme on n'en a pas toujours, il doit trouver bon qu'on s'en tienne à un Gouvernement qui ait de l'enſemble, de la force, & qui ne ſoit point romaneſque. On voit que les gens d'eſprit quelquefois ſont niais. Si l'on avoit à ſon gré des cœurs purs & des gens de bon ſens, on n'auroit pas beſoin de loix.

Page 184. *L'intérêt du fiſc n'eſt que trop favoriſé par les gens de Cour à qui on le confie.* Cela eſt faux & très-faux, & toute la France en eſt témoin. Les gens de la Cour ne ſe mêlent pas de l'intérêt du fiſc.

Page 249. *Quand le Roi paroît s'en rapporter à ſes peuples, on voit bien qu'il eſt le chien du troupeau, & on ne le ſoupçonne pas d'en être le loup.* Je vous prie de me dire, ſi cette tournure ne vous fixe pas plutôt ſur l'idée du loup que ſur celle du chien. Comme M. d'Ar-

genfon rend l'autorité aimable ! Tel eft
l'effet de l'expreſſion : les anciens appel-
loient cela *nomina male ominata*, des
mots de mauvaiſe augure, que les Ecrivains polis avoient foin d'éviter.

Page 251. *La France eſt peut-être le
ſeul des États Chrétiens où la police ſoit
entiérement confiée à des Officiers Royaux
qui ne répondent de rien aux peuples, &
qui inſultent plutôt qu'ils ne défèrent à
leurs plaintes.* Je n'ai point apperçu cela,
& tout au contraire lorſqu'un Magiſtrat
quelconque, a contre lui la voix publique, j'ai aſſez vu qu'il eſt dénoncé,
pourſuivi, déplacé, & que, juſtifié ou
non, juſtement ou injuſtement attaqué,
il finit par être un homme perdu. Quand
M. d'Argenſon a dit cela, il étoit plus
rempli des converſations des beaux eſprits frondeurs, que des choſes.

Page idem. *Lorſqu'on voyage ſur nos
frontieres, il eſt inutile de demander où finit
le territoire de France : l'état des chemins
& de tout ce qui eſt au public en fait aſſez*

appercevoir. Oui par le mieux qu'on voit
par-tout: mais ce n'est pas ce que prétend M. d'Argenson. L'Empereur Joseph
II, répond à cet article. Ce Prince en
parcourant la France ne s'est point lassé
d'admirer nos chemins & nos ouvrages
publics. A la vue du Canal de Picardie
ce Prince s'est récrié qu'il s'estimoit davantage d'être homme depuis qu'il avoit
vu un pareil ouvrage. Les grandes choses
en font penser, en font dire de grandes
aux grands hommes: les satyres déplacées
rapetissent & indignent.

Page 258. *Nous nous entêtons pour nos*
maux. Un grand bruit de chaînes nous
étourdit : une vapeur nous offusque. Je
crois qu'il n'y a ici de vapeur que dans
la tête de l'Auteur, ébloui de la puissance où il est parvenu, qui voit tout
perdu, & qui veut que tout soit perdu,
que tout soit avili, si l'on n'adopte pas
ses plans. Si je voulois pousser plus loin
l'examen du livre de M. d'Argenson, je
vous prouverois toujours davantage com-

bien l'Auteur étoit au fonds mal difpofé ,
combien il étoit dupe de fon propre fens ,
combien il eft offenfant pour la nation,
combien fes idées font loin de nous être
favorables. Mais en voilà affez pour mon
fujet. Le livre de M. d'Argenfon eft de
quelques mauvais Commis, ou il faut
convenir que tel fe foutient dans le cabi-
net à l'ombre de l'autorité , qui devient
bien peu de chofe, quand dénué de tout
fon appareil , il ofe fe préfenter feul
avec fes propres forces devant le public.

Ce livre de M. d'Argenfon étoit
très - rare : le Gouvernement l'avoit
étouffé; mais il a fermenté dans quelques
cabinets : où il a renforcé l'efprit fron-
deur, & c'eft lui qui a enfin produit tous
les défordres où nous nous voyons. Mieux
eût valu fans doute le laiffer circuler :
il auroit mûri : il auroit été réfuté ; &
nous ferions tranquilles. Enfin l'efprit de
renverfement qui a voulu s'étayer de
l'autorité de M. d'Argenfon a fait faire
une nouvelle édition de cet ouvrage ;
il commence à être commun. Et fi lor .

que je l'ai vu il y a quelques mois, je me suis applaudi de me rencontrer quelquefois avec cet homme d'esprit, quoique sans génie, sans profondeur & sans critique, si je lui admets, malgré son fiel, quelques idées heureuses, je ne sçaurois lui passer ses étranges & dangereuses erreurs.

Celle, entre autres, des Assemblées Provinciales, peut causer dans un temps où tous les esprits sont inquiets & échauffés, peut causer la subversion totale de la Monarchie. Je pense bien, comme M. d'Argenson, que le plus ferme appui de l'autorité d'un Roi est l'égalité des citoyens, & que la Démocratie n'est point contraire à la Monarchie. Mais je pense qu'il ne faut point que cette Démocratie soit nouée, soit composée régulièrement, qu'elle ait des Assemblées, sans quoi il y a deux puissances, deux administrations, deux autorités dans l'Etat. Il faut seulement que le suffrage de tous, que l'opinion publique domine. Quand on a un Roi, il faut nécessairement le rendre maître de tout le Gouvernement : son intérêt bien entendu fait qu'il se porte ensuite à ce qui convient au plus grand nombre, & qu'il suit en tout la voix publique. Tout le reste n'est qu'entraves, division, moyens de résistance au bien, point d'appui pour les partis. Je l'ai dit & ne cesserai de le redire jusqu'à ce qu'on l'ait bien entendu. Le peuple a des Parlements qui ont bien mérité de la Patrie, qui défendent sous ses yeux & avec suite ses intérêts, & il sçait bien avertir lui-même de ce qui lui déplaît. Il n'a pas besoin d'assembler quelques brouillons pour le représenter, car tous les gens prudents fuiront ces fonctions éphémeres. Mais revenons aux divers effets des expressions.

J'ai sous les yeux le livre de M. le C. de G. sur la Tactique. Celui-ci a certainement l'intention excellente, & son Discours est toujours relatif à son objet ; mais je vois ici un autre excès : à force d'intention, il manque son effet :

ses

fes efforts vont contre fes fins : plus il s'échauffe, plus fon lecteur refte froid ; parce que fa chaleur manque de naturel. Il eft chaud, parce qu'il veut être échauffé & non point parce qu'il brûle. Ouvrons le livre & prouvons ceci.

On voit d'abord une Epitre Dédicatoire, *à ma Patrie.* Qu'eft-ce qu'une Epitre Dédicatoire ? Où voit-on des Epitres Dédicatoires ? Et quel étrange fervice à propofer à la Patrie, que celui de l'affubler d'une Epitre Dédicatoire ? Mais paffons. *Dédier mon Ouvrage à ma Patrie, c'eft le confacrer au Roi qui en eft le pere, aux Miniftres qui en font les adminiftrateurs, à tous les ordres de l'Etat qui en font les membres, à tous les Français qui en font les enfants.* Tout cela rentre l'un dans l'autre, ne dit rien du tout, & ne montre qu'une envie de parler grandement qui va toujours en avortant. Tout cela ne fait point d'effet : les idées ne répondent point à l'emphafe de tant de grands mots raffemblés. Suivons. *Eh ! puiffe-*

E

t-on rendre un jour à ce saint nom de Patrie
toute sa signification & son énergie ? Puis-
sent à la fois le maître & les sujets, les
grands & les petits, &c. Quel mouvement, quelle fougue ! Ici le lecteur se
tient en garde : il se retranche : il s'éloi-
gne de l'Orateur : il est fâché de lui voir
faire tant d'efforts pour l'amener à un
sentiment auquel il est naturellement
disposé : il lui déplaît de voir souffler si
fort pour allumer dans les cœurs le feu
de l'amour de la Patrie. Ce ton apos-
tolique ne lui paroît point ensemble avec
la tranquillité des choses. Il croit que
c'est avoir mauvaise opinion de lui que
de se tourmenter ainsi, tandis que le
moment n'est pas autrement pressant. Et
l'effet va toujours en sens contraire de
l'intention de l'Auteur, parce qu'on
apperçoit trop qu'il n'y a que lui en
peine.

M. le C. de G. déclame encore beaucoup sur l'amour de la Patrie, & finit
son Epitre par demander qu'on le plai-

gne, & par dire que *le délire d'un citoyen qui rêve au bonheur de sa Patrie a quelque chose de respectable.* Je crois, pour moi, que le délire est toujours fâcheux; & que quand on se doute de délirer dans une matiere aussi grave, il faut ne rien dire, si l'on peut. Ces paroles vont encore contre leurs fins.

Au premier feuillet du livre je trouve ces mots; *Convenons que nos Richelieu, nos Colbert, nos d'Ossat, nos d'Estrades ne peuvent se comparer aux Licurgue aux Périclés, aux Numa, &c.* Ici je vois non-seulement que l'expression qui abaisse la nation, va contre le but de l'Auteur qui seroit de l'honorer, mais je vois encore dans les choses un léger défaut de jugement. On ne compare point ce qui n'a aucun rapport. Les Licurgue & les Numa étoient de grands fondateurs de peuples, les d'Ossat, les Richelieu, les Colbert, ont été de parfaits coopérateurs d'administration. Ce qui est excellent en soi est excellent, & ne peut point être rabaiſſé par l'oppoſition de ce qui eſt d'une autre eſpece. De pareils approchements ne concluent rien & ne ſervent qu'à faire extravaguer les gens qui ont l'eſprit faux. On ne peut comparer les Licurgue & les Numa qu'aux Minos, aux Mahomet, non aux habiles Miniſtres d'un Royaume régulier. Nos mœurs d'ailleurs ne comportent pas l'apparition de perſonnages du genre des Licurgue. Nous nous mocquerions d'eux très-ſûrement ; notre gravité ne ſeroit point aſſez robuſte pour tenir long-temps devant leur haute exiſtence. Leurs inſtitutions nous paroîtroient des caricatures. Sans être du même genre, juſqu'à préſent nous nous ſommes paſſablement montrés. Toutes les hiſtoires font mention de nos guerres. Nous avons enſeigné la tactique à tous les peuples du monde, aux Romains même : & quoi qu'en diſe M. le C. de Guibert il n'y a pas d'apparence qu'aucun perſonnage de l'eſpece de ceux qu'il admire à nos dépens, faſſe jamais fortune chez nous.

Et pourquoi en effet nous oppofer des Licurgue & des Solon, des Créateurs, des Législateurs, que notre caractere ne peut pas produire, & qu'il pourroit encore moins endurer? La France s'eft enfantée elle-même, & n'a point été formée par une main particuliere; elle ne porte point fur l'intelligence de tel ou tel homme, mais fur la fienne propre. Son exiftence eft le réfultat du bon fens de tous, du courage de tous, de la vertu de tous. Sa confervation doit être également l'ouvrage de tous. Elle n'a befoin ni de réformateurs, ni d'inftituteurs, il ne lui faut que des ferviteurs. Que chacun faffe fon devoir felon l'ordre établi: voilà la meilleure des reftaurations, le plus avantageux des changements, la plus belle des innovations.

Je laiffe-là le livre de M. de G. qui eft tout fur ce ton, dont l'expreffion a un effet humiliant pour nous, & qui fous prétexte de nous rendre plus grands dans l'avenir par fon intelligence & par fes

conseils , nous fait aussi trop petits dans
le passé & dans le présent.

C'est une chose inouie que l'effet de
la simple expression sur les esprits. Un
fait arrivé l'année derniere va nous montrer combien il est grand , lorsque cette
expression est juste & bien appropriée.
Il parut dans le public un Mémoire sur
trois hommes condamnés au dernier sup-
plice, qu'on prétendoit innocents. Ce
Mémoire commençoit ainsi. *Le 11 Août
1785, une Sentence du Baillage de Chau-
mont a déclaré trois accusés convaincus de
vols nocturnes & les a condamnés , &c. Ils
étoient innocents. Que les cœurs sensibles
se rassurent : ces trois innocents respirent.*
Tout le reste du Mémoire, étoit décla-
matoire, mal tissu , mal écrit, ne valoit
rien. Mais ce début si simple. *Une Sentence , &c.* Cet avertissement si naïf &
si touchant. *Ils étoient innocents* : ce mouvement si véhément qui semble ne se
hâter point encore assez pour calmer
l'émotion , pour tranquilliser les ames

honnêtes qu'une telle injuſtice a dû ré-
volter. *Que les cœurs ſenſibles ſe raſſu-*
rent : ces trois innocents reſpirent. Ces
quatre lignes firent une telle impreſſion
que tout le Mémoire fut admiré. Il ne
fut plus poſſible de l'examiner. Tout ce
qui développoit un fait annoncé d'une
maniere auſſi vive, auſſi touchante, exci-
toit l'intérêt & la ſenſibilité. La commotion fut générale. En vain M. Séguier
développôt-il, dans un Réquiſitoire
très-noble & très-éloquent, les principes
& les faits, le Réquiſitoire fut reçu
avec indifférence : le Mémoire fut porté
aux nues. On ne voyoit plus dans tous
les condamnés que des innocents : dans
tous les Juges que des prévaricateurs. On
crioit par-tout *Tolle.* Il falloit faire un
nouveau code criminel : l'ancien avoit
cent abus ; le nouveau en auroit eu
mille : n'importe : quand on eſt ému,
on ne raiſonne point. Il falloit tout refaire, tout renverſer, & tout cela étoit
l'effet de quatre lignes vraiment ſublimes.

Qui eût ôté du Mémoire ces quatre lignes, l'auroit réduit à la condition d'un
Mémoire obfcur du Palais ; & tout ce
qui depuis a été écrit dans cette affaire
n'a fait aucune fenfation. Voilà l'exemple d'un effet qui a été bien au-delà de
fa caufe, puifqu'il a été acquis avant que
le fait fût prouvé.

Dans mon Difcours fur les Ufages
j'avois dit « *fous le Gouvernement féodal les habitants des villes & ceux des
châteaux, fans ceffe en guerre ou en con-
teftation, fe regardoient comme ennemis,
& s'infultoient réciproquement par des qua-
lifications outrageantes. Aujourd'hui tous
les citoyens de la France, réunis fous
une autorité plus forte & plus réglée, fe
regardent comme enfants de la même famille, & ne difputent plus, fi ce n'eft à
qui fe rendra plus utile à fon pays.* On
voit dans les deux textes prefque les
mêmes idées & les mêmes expreffions;
mais elles partent d'un principe bien
différent, & elles ont un effet tout op-
pofé.

pofé. Il réfulte entre autres de ce que dit M. de B..... que le Tiers-Etat n'eft qu'un objet acceffoire ; il réfulte de ce que je dis qu'il eft aujourd'hui regardé avec juftice comme objet principal. Cette différence vient de ce que nous avons conçu tous deux le Tiers-État différemment. M. de B..... ne l'a apperçu que comme un amas de pauvreteux qui attend que le Clergé & la Nobleffe lui tende une main fecourable. Moi je l'ai vu comme poffédant tous les biens en roture du Royaume, toutes les maifons des grandes villes, toutes les richeffes mobiliaires, tout le commerce, toute l'agriculture, tous les arts, & la meilleure part de l'intelligence & de la vertu du Royaume ; je l'ai vu comme l'ami & le confrere de la Nobleffe, comme intimement lié avec elle par les mêmes intérêts, les mêmes droits, les mêmes inclinations, le même but, & par mille relations réciproques. Je l'ai vu comme l'appui de la Monarchie par les immen-

F

ſes ſubſides que lui procure ſon induſtrie , je l'ai vu comme le maître de
l'opinion publique par ſa nombreuſe population , comme le frein des grands &
des petits par ſes mœurs. M. de B. . . .
qui eſt un grand Seigneur, a vu les gens
du Tiers-État dans ſon antichambre : moi
qui ſuis un homme obſcur , je les ai vus
chez eux. Telle eſt la cauſe de l'effet
différent des mêmes idées & des mêmes
expreſſions dans les deux Diſcours. Ceci
au reſte n'eſt qu'une ſimple diſcuſſion
Littéraire, trop viſiblement autoriſée par
les libertés Gallicanes, pour que j'entre-
prenne ici de la juſtifier. Je ne ferai point
à un miniſtere qui doit aimer à entendre
la vérité , je ne lui ferai point l'injuſtice
de le croire capable de s'en offenſer.

Il y a auſſi des écrits qui tirent beaucoup de force & d'effet des circonſtances, lorſque l'expreſſion y eſt analogue.
M. C. de Beaumarchai pendant la tenue du
Parlement intermédiaire, a par cet artifice
donné au public pour des chef-d'œuvres

trois ou quatres Mémoires très-médio-
cres contre M. Goëzman. M. de Beaumarchais
n'est cependant ni plaisant, ni homme
de Lettres , ni Jurisconsulte, ni Logi-
cien ; mais il a beaucoup d'adresse &
d'esprit comme homme du monde , &
il a habilement tiré à lui par sa maniere
d'exprimer sa défense , ce qui étoit la
cause de tous : il a, pour ainsi dire, sçu
mettre avec lui dans la balance toute
la chose publique. Aujourd'hui les mêmes
Mémoires qui ont fait tant de sensation
seroient à coup sûr sans effet, pour ne
rien dire de plus.

C'est ainsi qu'en a agi M. Necker
qu'on peut appeller à juste titre le Bre-
beuf de la politique. M. Necker après
avoir , par différentes manœuvres , fixé
sur lui l'attention pendant son ministere,
a jetté abondamment dans le public trois
volumes de notes sur les détails de l'Administration. Il a très-habilement profité
du branle qu'il avoit donné aux esprits
pour faire accueillir un ouvrage plein de

ſes fauſſés vues & de ſes faux calculs,
où l'orgueil eſt donné pour de la Nobleſſe, l'embarras dés penſées pour de la
profondeur, la bouffiſſure pour de l'élévation, un égoïſme outré pour l'amour
du bien public, il s'eſt par-là pendant
quelque temps rendu maître de l'opinion,
ne pouvant plus l'être des choſes. Il avoit
ſi bien tout préparé pour les faits précé-
dents, que ſon ſtratagême a eu le plus
grands ſuccès : il eſt devenu le Saint
d'un parti. La commotion eſt donnée :
les gens compétents ont beau le juger;
les provinciaux n'en renviendront pas.
Le voile de l'Adminiſtration qu'il a dé-
chiré à leurs yeux, ce voile qui couvroit
tant de fautes, mais auſſi tant de reſſources, ce voile qui entretenoit la crainte
chez l'étranger & le reſpect chez nous,
ce voile levé par ſes mains indiſcretes
lui a fait autant de partiſans qu'il y a en
France de frondeurs, de mécontents &
d'eſprits inquiets. Dix ans plus tard ſon
livre n'eût produit d'autre effet que l'ennui & le dégoût.

Vous sçavez, Monsieur, que loin d'avoir rien tiré des circonstances, mon Discours les a eu toutes contre lui. Rien dans son expression n'est analogue au moment : tout est relatif à la chose. Dire que tout est bien, à quelques abus près, lorsqu'on veut tout renverser, & tout détruire, quelle mal-adresse ! quel crime ! comment tenir contre une pareille dis-position avec un pareil système ? Ce sera au fonds des choses à me soutenir, lorsque tous leurs alentours sont contre moi. Peut-être que la simplicité même de mon expression me fera trouver grace devant les plus emportés. La candeur, la vérité & le désintéressement avec les-quels je leur ai parlé, triompheront tôt ou tard de leur prévention : & malgré mon incohérence avec les événements, les retours d'un peuple intelligent sont si prompts, que je n'aurai peut-être pas compté en vain sur la justice & le bon sens de mes concitoyens.

Vous avez vu, Monsieur, les Discours

très-pathétiques que M. de **Calonne.**
a débités pour faire affujettir à l'impôt
les parcs & les immenfes jardins de plai-
fance. Ils ont fouffert mille répliques,
avant d'être admis. C'eft parce qu'on
trouvoit dans ces Difcours toutes fortes
de chofes ingénieufes, excepté les motifs déterminants, ou qu'ils y étoient
noyés dans les mots. Ce que la juftice
exigeoit , ce que la bonne politique
ordonnoit à cet égard , n'y étoit point
rendu fenfible. On n'y voyoit que l'envie de faire payer. Je n'ai écrit là-deffus
que dix lignes dans mon Difcours fur nos
Ufages ; mais leur effet eft certain , &
l'on n'y répliquera jamais. Il confifte
dans la maniere dont l'objet eft préfenté.
Permettez que je vous les rappelle : « *Une*
des principales attentions que le Gouver-
nement doit aux pauvres eft d'obliger les
riches à mettre leurs propriétés en valeur
pour fournir aux befoins de tous. Le riche
qui laiffe des champs fans culture , ou qui
les emploie à des chofes purement de

luxe, en dérobe les fruits au peuple, &
& abuse aussi des loix. L'impôt empêche
ce mal. Ce même impôt qui force le pauvre
à travailler pour le riche , force aussi le
riche à faire vivre le pauvre , & met malgré
eux ces deux classes de citoyens dans une
dépendance réciproque.

L'Auteur de la libération de la dette
nationale, ouvrage plein de faux raison-
nements & de bons calculs, a voulu,
comme moi , faire une description du
sol de la France. Voici comme il commence , *élevons nous dans les airs.* On
n'ira point : la proposition est brusque
& insolite. S'il eût fait une peinture
simple & soutenue de notre sol , le lecteur sans s'en appercevoir se feroit peu-à-
peu élevé en imagination pour le suivre.
Mais il annonce sa prétention avant de
montrer ses moyens : il effraie la bonne
volonté. Je dis que notre territoire est
arrosé par un nombre infini de fleuves
& de rivieres : il met, lui, six mille
fleuves, tout cela est sans effet & uni-

quement par la faute de l'expression.

Les exemples sur une pareille matiere ne tariroient point ; mais pour trancher court, je vais achever ces réflexions par la comparaison de trois morceaux, sur le même sujet, presque avec les mêmes expressions, & qui vont à trois buts différents, le premier est de Bossuet, le second de Rousseau, le troisieme de moi. Je me mets en bonne compagnie ; mais vous verrez que ce n'est pas pour en tirer un grand avantage.

Bossuet, dans ces fragments, prétend que c'est la religion qui influe le plus sur les mœurs d'un peuple. Rousseau dit que c'est la nature qui fait tout indépendamment de la religion. Et moi je dis que le Gouvernement y influe beaucoup plus que la religion, sans nier que la nature n'y coopere aussi beaucoup.

Voici ce que dit Bossuet : *Les Nations les plus éclairées & les plus sages, les Chaldéens, les Égyptiens, les Phéniciens, les Grecs, les Romains étoient les plus*

i norants

ignorants , & les plus aveugles sur la
religion ; tant il est vrai qu'il y faut
être élevé par une grace particuliere, &
par une sagesse plus qu'humaine. Qui ose-
roit raconter les cérémonies des Dieux
immortels , & leurs mysteres impurs ?
Leurs amours, leurs cruautés , leurs ja-
lousies, & tous leurs autres excès étoient
le sujet de leurs fêtes , de leurs sacrifices , des
hynmes qu'on leur chantoit, & des peintures que l'on consacroit dans leurs Temples.
Ainsi le crime étoit adoré, & reconnu nécessaire au culte des Dieux. Le plus grave
des philosophes défend de boire avec excès,
si ce n'étoit dans les fêtes de Bacchus & à
l'honneur de ce Dieu. Un autre après avoir
sévérement blâmé toutes les images mal-
honnétes, en excepte celle des Dieux qui
vouloient être honorés par ces infâmies. On
ne peut lire sans étonnement les honneurs
qu'il falloit rendre à Vénus, & les pros-
titutions qui étoient établies pour l'adorer.
La Grece, toute polie & toute sage qu'elle
étoit, avoit reçu ces mysteres abominables.

G

Dans les affaires preſſantes, les particuliers
& les républiques vouoient à Vénus des
courtiſannes, & la Grece ne rougiſſoit pas
d'attribuer ſon ſalut aux prieres qu'elles
faiſoient à leur Déeſſe. Après la défaite
de Xerxès & de ſes formidables armées,
on mit dans leur Temple un tableau où
étoient repréſentés leurs vœux & leurs pro-
ceſſions, avec cette inſcription de Simonides,
Poëte fameux ; » Celles-ci ont prié la Déeſſe
Vénus, qui, pour l'amour d'elle, a ſauvé la
Grece. S'il falloit adorer l'Amour, ce devoit
être du moins l'amour honnéte ; mais il
n'en étoit pas ainſi. Solon, qui le pourroit
croire, & qui attendroit d'un ſi grand nom
une ſi grande infâmie ? Solon, dis-je,
établit à Athènes le Temple de Vénus la
proſtituée, ou de l'amour impudique. Toute
la Grece étoit pleine de Temples conſacrés
à ce Dieu, & l'amour conjugal n'en avoit
pas un dans tout le pays. Cependant ils
déteſtoient l'adultere dans les hommes, &
dans les femmes la ſociété conjugale étoit
ſacrée parmi eux. Mais quand ils s'appli-

quoient à la religion, ils paroiſſoient comme poſſédés par un eſprit étranger, & leur lumiere naturelle les abandonnoit. La gravité Romaine n'a pas traité la religion plus ſérieuſement, puiſqu'elle conſacroit à l'honneur des Dieux les impuretés du théâtre & les ſanglants ſpectacles des Gladiateurs, c'eſt-à-dire, tout ce qu'on pouvoit imaginer de plus corrompu & de plus barbare. Mais je ne ſçais ſi les folies ridicules qu'on mêloit dans la religion n'étoient pas encore plus pernicieuſes, puiſqu'elles lui attiroient tant de mépris. Pouvoit-on garder le reſpect qui eſt dû aux choſes divines, au milieu des impertinences que contoient les fables, dont la repréſentation ou le ſouvenir faiſoient une ſi grande partie du culte divin ? Tout le ſervice public n'étoit qu'une continuelle profonation, ou plutôt une dériſion du nom de Dieu ; & il falloit bien qu'il y eût quelque puiſſance ennemie de ce nom ſacré, qui ayant entrepris de le ravilir, pouſſât les hommes à l'employer dans des choſes ſi méprisables, & même à le prodiguer à des sujets si indignes.

Voici ce que dit Rousseau. Point de comparaison, je vous prie, car ceci est le plus beau morceau de prose que je connoisse en Français » *Jettez les yeux sur toutes les nations du monde, dit Rousseau, parcourez toutes les histoires. Parmi tant de cultes inhumains & bisarres, parmi cette prodigieuse diversité de mœurs & de caracteres, vous trouverez par-tout les mêmes idées de justice & d'honnéteté, par-tout les mêmes notions du bien & du mal. L'ancien paganisme enfanta des Dieux abominables qu'on eût punis ici bas comme des scélérats, & qui n'offroient pour tableau du bonheur supréme, que des forfaits à commettre & des passions à contenter. Mais le vice, armé d'une autorité sacrée, descendoit en vain du séjour éternel, l'instinct moral le repoussoit du cœur des humains. En célébrant les débauches de Jupiter, on admiroit la continence de Xénocrate; la chaste Lucrece adoroit l'impudique Vénus; l'intrépide*

Romain sacrifioit à la peur; il invoquoit le Dieu qui mutila son pere , & mouroit sans regret de la main du sien ; les plus méprisables Divinités furent servies par les plus grands hommes. La sainte voix de la nature , plus forte que celle des Dieux, se faisoit respecter sur la terre, & sembloit reléguer dans le ciel le crime avec les coupables.

Voici ce que je dis : » Il n'y a dans ce moment-ci en France aucune apparence de fanatisme ; c'est le siecle des lumieres , de la maturité & de la raison; mais le germe du fanatisme y existe toujours, comme il existe par-tout où il y a des hommes & une religion. C'est au Gouvernement à le surveiller & à le repousser quand il menace de paroître , mais sur-tout à en détourner les peuples en fixant leur attention sur la Patrie entiere, & en portant leur principal intérêt sur l'ensemble de l'état , où la religion ne s'apperçoit alors que comme devant toujours y tenir une place circonscrite , & y avoir un caractere paisible & conciliant.

Ce font les Gouvernements vicieux qui
livrent les peuples au fanatifme; tandis
que les Gouvernements raifonnables &
grands abforbent tous les attachements
partiels, & donnent aux citoyens cette
jufte mefure, qui détermine tous leurs
mouvements dans la chofe publique, pour
l'avantage général du pays. Sans doute
qu'avoir une bonne religion eft un grand
bien pour un peuple ; mais ce n'eft pas
la religion, foit bonne, foit mauvaife,
qui a les plus grands effets fur l'exiftence
d'un état. Son Gouvernement politique,
fes Loix, & fa Milice, font ce qui détermine fes avantages. Cette vérité eft prouvée par des exemples de tous les fiecles.
Les anciens avec une religion infâme qui
confacroit des exemples affreux, qui pré-
fentoit à la vénération des Divinités fouil-
lées des plus grands crimes, les anciens
peuples font parvenus à la plus grande
force publique qu'il foit poffible d'acquérir ;
parce que l'excellence des Gouvernements,
autant que le bon naturel des hommes,

repouſſoient chez eux des cœurs des citoyens , les influences de leurs ſcanda-
leuſes & révoltantes religions , pour n'y
laiſſer d'accès qu'aux ſentiments ſociaux
& aux vertus patriotiques. Les Loix dé-
tournoient les regards des hommes des
forfaits des Dieux pour ne les pénétrer
que de leur puiſſance ; & c'eſt en vain
qu'on conſacroit les égarements des Héros , le peuple dirigé par ſes bonnes inſtitutions , n'étoit ſenſible qu'à leurs vertus.
C'eſt le génie d'un peuple , ce ſont ſes
mœurs , qui doivent former ſon Gouvernement ; mais ce premier ouvrage une fois
fait & bien aſſemblé , c'eſt le Gouvernement qui forme à ſon tour le peuple , indépendamment de la religion , qui ne fait
que concourir à ſa diſcipline.

Le rapprochement de ces trois fragments vous prouve qu'avec l'air de dire
les mêmes choſes , avec les mêmes expreſſions , on peut porter trois ſentiments différents , & faire des effets ou divers ou contraires. Le morceau de Boſ-

suet est plein de nerf & de gravité, mais il ne conclud pas : il n'explique point pourquoi les Païens avec leur mauvaise religion firent de si grandes choses, & pourquoi avec leur excellente religion les Chrétiens en ont fait de si petites. Il se borne à attribuer tant d'erreurs à cet esprit qu'on appelle de ténebres. Le morceau de Jean-Jacques Rousseau entraîne : il est solide, brillant, harmonieux, plein d'imagination. L'antithese poussée à son plus haut point, y donne un jeu que Bossuet semble avoir senti & dédaigné dans le sien. Mon paragraphe est simple, net, précis, la raison y est apparente : l'Auteur y est caché : il persuade autant qu'il convainc, on peut le préférer à celui de Bossuet, on peut le lire encore après celui de Rousseau: je pense que c'en est assez. Rousseau lui-même n'a que trois ou quatre pages de cette grande beauté, & je devois surtout éviter d'avoir l'air de lutter avec lui.

Voilà,

Voilà, Monsieur, tout ce que je puis ajouter à mon apologie. Je devois, après avoir travaillé, autant qu'il étoit en moi, à vous donner de bon or, je devois travailler auffi un peu à démêler avec vous l'oripeau qu'on nous étale de tous côtés ; je devois, après vous avoir offert d'un vin nourriffant qui ranime, & qui reftaure, vous faire fentir le danger d'ufer de ceux qui enivrent, & qui énervent. Je crois ma tâche remplie à cet égard. C'eft avec regret, c'eft par néceffité que j'ai parlé ainfi de moi : je defire n'y plus revenir ; & ne m'occuper déformais avec vous, que d'objets patriotiques & généraux. Cicéron eft monté trois fois dans la tribune pour fe juftifier d'avoir délivré Rome de Catilina ; & c'en étoit affez pour une caufe perfonnelle ; mais Démofthene a invectivé onze fois contre Philippe devant les Athéniens. L'ardeur à combattre les brouillons doit augmenter en raifon de leurs entreprifes, doit être infatigable comme leur malice. Il ne fera pas dit que fous prétexte de détruire quelques abus, on aura tout confondu & tout renverfé, & que toute la France aura gardé le filence. Il ne fera pas dit que la France aura, fans que perfonne ait réclamé, vu divifer, amoin-

H

dir l'autorité qui la régit, cette autorité qui, en maintenant chez elle la paix, la rend si redoutable aux nations étrangeres. Il y a chez nous quelques abus à corriger, sans doute ; mais, croyez-moi, n'allons pas pour cela tout ébranler & tout abattre. Donnons-nous le temps de nous reconnoître : considérons que nous sommes dans ce moment trop émus & trop agités pour prendre de bons partis. Celui qui est tourmenté par quelqu' passion, doit attendre d'être calmé pour agir. Rien ne nous presse. Nous existons depuis quatorze siecles ; nous pouvons bien encore passer dix ans comme nous sommes, sans un extrême inconvénient. Mais sur-tout respectons nos grands établissements. M. de Breteuil fait bénir son ministere & son nom en travaillant à la salubrité & à la commodité de la Capitale, en débarrassant les Marchés, les Ponts & les Quais, en démolissant des Masures, mais il respecte les Monuments, il n'attaque pas le Louvre.

J'ai l'honneur d'être, &c.

QUATRIEME LETTRE

DE L'AUTEUR

DU MODE FRANÇOIS.

QUATRIEME LETTRE

DE L'AUTEUR

DU MODE FRANÇOIS,

Où il traite de l'influence du tiers-état sur les événemens politiques, & où il montre combien il est important de lui conserver ses prérogatives.

———————

Souvent, Monsieur, ce qui n'est que juste n'est pas politique ; quelquefois ce qui n'est que prudent n'est pas politique ; & presque jamais ce qui est violent n'est politique.

Qu'est-ce donc précisément que la politique ? Je crois que tout le monde doit être d'accord que la politique est l'art de

combiner la justice avec la prudence dans
le gouvernement d'un peuple, en ayant soin
d'être toujours pourvu de force , sans être
jamais obligé de l'employer.

Il résulte de cette vérité qu'un bon politique doit toujours avoir pour lui le plus
grand nombre, d'abord parce que cela est
juste, ensuite parce que cela est prudent,
& enfin parce que c'est un moyen sûr d'être
toujours le plus fort.

Il résulte encore de cette définition , que
la marche de la politique ne doit jamais
être absolue, qu'il faut qu'elle soit toujours
composée de plusieurs objets déterminans ,
& qu'enfin un bon politique doit être non-
seulement juste & magnanime, mais encore
prudent & adroit , & avoir toujours pour
lui la force, comme on l'a pour bien disposer de soi, & non pour se violenter &
pour se nuire.

D'après ces principes, il est évident que
presque aucun des ministres qui depuis dix
ans ont coopéré à notre gouvernement, n'a
été bon politique; parce qu'ils n'ont tous

eu en vue qu'un feul objet d'ordre, dont ils fe font infatués, fans le faire correfpondre avec les autres parties de la chofe publique, & fans mettre eux-mêmes dans leur conduite les combinaifons qui pouvoient les mener à leur but.

Oh ! qu'aifément en adminiftration l'on eft trompé par l'apparence du bien, lorfqu'on néglige d'étendre fes regards à tout. On forme des projets excellens au premier afpect : on les entame avec célérité : on les fuit avec vigueur : on ne fauroit trop tôt jouir du bien qu'ils doivent procurer : à peine font-ils achevés qu'on découvre qu'il n'en réfulte que du défordre & des abus. On étoit parti pour le Levant : faute d'avoir calculé la force des courans , on fe trouve échoué bien avant dans le Septentrion. Ces dernieres années de notre hiftoire ne nous fourniffent que trop d'exemples de ces égaremens miniftériels.

On flatte les peuples de les affembler, & par la compofition de ces affemblées, on les repouffe vers le régime féodal. On veut ra-

nimer l'agriculture, & par la manière dont
on y procede, on tend à nous ramener à
la barbarie. On dit qu'on veut prévenir le
despotisme, & l'on porte atteinte à la sou-
veraineté. On cherche à balancer la puissance, & l'on ouvre la porte à mille tyrans.
On imite la tactique des étrangers qui n'ont
point un esprit national, & l'on nous met à
la merci des étrangers en blessant notre esprit national & en nous montrant des maîtres dans nos ennemis. On diminue, sous prétexte d'épargne, les troupes de la maison du
roi, on parle de donner la garde du roi &
celle des villes aux troupes de l'armée, &
l'on change ainsi notre gouvernement civil,
qui est sûr & tranquille, en un gouvernement
militaire qui est plein de trouble pour le peuple & de risque pour le monarque. De pré-
tendus philosophes veulent détruire tous les
préjugés, & ils rappellent tous les préjugés
en ôtant sa force au gouvernement, seul capable d'anéantir les préjugés par sa puissance,
quand ils commencent à être ébranlés par
la raison. On voit tous les ordres de l'État

en mouvement, s'occuper à changer de place, & à fe déranger, tandis qu'un ordre
qui ne fe dérange jamais s'occupe à remplir
les places vuides, & qu'on fera tout furpris,
après le calme remis, de le trouver à la tête
de tout avec plus d'autorité & de crédit
qu'il n'en a jamais eu, & ayant regagné dans
la politique tout ce qu'on a eu l'air de vouloir lui faire perdre d'ailleurs. Tout cela fe
paffe peut-être fans malice de la part de
ceux qui y coopérent, peut-être fans
qu'ils s'en apperçoivent ; mais parce qu'ils
ne fixent qu'un feul objet, & qu'ils ne met-
tent aucune combinaifon politique dans les
projets qu'ils embraffent.

Lorfque M. de Calonne, pour faire abolir
les privileges, eut affemblé cent quarante
privilégiés, il vit bientôt combien il s'étoit
éloigné de fon but, à la guerre affreufe qu'on
lui livra. Prêt à périr, il voulut trop tard
appeller le peuple à lui par un manifefte
qu'il entreprit de faire diftribuer. Les cent
quarante firent arrêter fon manifefte, récla-
merent l'appui de l'autorité, dirent qu'on

vouloit les faire égorger par le tiers-état ; & ils manœuvrerent si bien, qu'ils firent renvoyer le ministre en l'assaillant par d'autres côtés qui ne prêtoient en effet que trop à leurs attaques.

C'est ainsi que ceux qui veulent faire triompher à toute force les prétentions de leur parti, crient à l'insolence, à l'insulte, au trouble, au meurtre, dès qu'on veut arrêter leurs progrès. Les uns disent : » Doit-on se défier de l'église, & n'y a-t-il pas la plus grande témérité à en mal penser ? Les autres : » Doit-on prendre des précautions contre la noblesse, & n'est-ce pas offenser cet ordre délicat que de ne pas croire en tout tems à ses bonnes dispositions ? D'autres pourroient dire aussi : » Doit-on penser qu'il puisse y avoir des rumeurs populaires ? Tous pourroient prétendre qu'il faut attendre qu'on ait de justes sujets de plainte contre leur ordre avant de lui imposer des regles qui le restraignent ; mais tout cela n'est qu'un raisonnement de parti auquel un gouvernement sage n'a aucun égard. L'ordre ne désoblige que les brouillons. Les précautions qui tendent à assurer la tranquillité commune honorent même ceux aux dépens de qui on les prend. Et les gens de bien donnent volontiers contre eux-mêmes des sûretés pour le maintien des différens droits entre concitoyens & pour la paix de l'État.

En matiere criminelle, il est très-vrai qu'on ne doit jamais présumer le mal. Une justice qui, sous prétexte de le prévenir, inquiéteroit les citoyens, seroit une odieuse inquisition. Il faut au contraire que le mal soit consommé & bien prouvé pour que la justice l'atteigne de sa froide & punissante main. Mais la politique doit connoître tous les maux, & savoir d'avance les éloigner & les conjurer. Tout son artifice consiste presque à prévenir; & déja tout est prêt d'être irréparable, lorsqu'elle est réduite à réparer.

Pour entretenir le bon ordre & prévenir l'anarchie, il importe donc que toutes les parties de la chose publique ne pesent pas plus qu'il ne faut les unes sur les autres, & qu'elles ne prennent pas chacune aux dépens

des autres un accroiſſement qui nuiſe au tout.
Un gouvernement attentif à prévenir ces em-
piétemens, & qui a la force néceſſaire pour
les empêcher, eſt un gouvernement bien
pondéré, eſt un gouvernement auſſi reſpecté
au-dehors que chéri au-dedans, eſt un gouvernement eſtimé même de ceux qu'il contrarie ; car c'eſt le propre de la raiſon de
ſubjuguer les hommes ſans les offenſer.

Ainſi donc ſi je diſcute ici les dangers de
la diſproportion entre les ordres, c'eſt parce
qu'il eſt bien certain que les précautions
politiques ne ſervent ni déshonorer, ni
amoindrir aucun d'eux, & qu'au contraire
on les met dans toute leur valeur, en les
appliquant aux choſes auxquelles ils ſont
propres, & en prévenant les abus auxquels
ils ſe livrent, lorſqu'ils veulent outrer leurs
privileges.

En examinant, ſous ce point de vue, l'ancienne diviſion du royaume en trois ordres,
dont le premier étoit clergé, le ſecond
la nobleſſe, & le troiſieme le tiers-état,
je vois un partage barbare & abſolument

relatif à un fystême défaftreux de gouvernement, fystême d'ailleurs tout-à-fait détruit quant à fon exiftence politique.

Je vois dans nos premiers tems le clergé,
feul de tous les magiftrats, paroître pour
fes offices au premier rang, parce qu'en effet
le facerdoce a été long-tems la feule magiftrature en activité dans nos tems d'anarchie
& de malheur. Je vois la nobleffe dignitaire
& la nobleffe propriétaire fe placer béni-
gnement au fecond rang , je ne fais pas
trop pourquoi, & je crois inutile de l'ap-
profondir ici. Je vois enfin le troifieme rang,
occupé par le tiers-état, compofé des habitans libres des villes, dont on voulut pendant
quelque tems fe paffer, mais qu'on fut enfin
obligé d'appeller dans les grandes délibérations, parce qu'on finit par fentir que fans eux
elles manqueroient de fanction , qu'elles
n'auroient point un caractere public , &
pourroient être contrariées dans leurs effets.

Mais je ne vois dans tout cela rien que de
relatif à un gouvernement imparfait & fouf-
frant, à un gouvernement qui étoit toujours

dans le trouble, les diffensions, les ravages;
parce qu'il étoit contraire à l'esprit national &
au droit commun des peuples. Et j'en conclus
qu'un réglement qui porte sur un abus démontré, ne doit plus exister après que l'abus a été
retranché, aboli, supprimé avec exécration.

Et en effet, en examinant par son côté politique l'ordre du clergé, on le voit comme
gérant une des parties essentielles de la difcipline publique, & richement doté pour cet
exercice. On le voit par des cérémonies con-
tinuelles & sous des habits pompeux, toujours en évidence devant les peuples. On le
voit rassembler tous les citoyens de sept en
sept jours au son bruyant des cloches, sous
des bannieres, & dans des édifices publics
dont il dispose. On lui voit sur les esprits
une influence considérable par l'habitude du
respect dû aux choses saintes, par le conseil,
& enfin par la richesse & par la dépense.
On le voit par son grand loisir en butte à
toutes les vues d'ambition, & à la passion
de dominer, si naturelles aux hommes tranquilles. On le voit par ses offices à l'abri de

tous les troubles publics , & ne rifquant jamais rien que de ne pas réuffir dans tout ce
qui lui plaît d'ofer. On jugera, certes, qu'en
voilà bien affez pour cet ordre. Il n'y aura
jamais, je crois, aucun bon adminiftrateur
qui ofe lui attribuer une plus grande puiffance, & le mêler dans l'impôt, dans la
juftice, dans le militaire, dans la politique.
Ces confidérations rameneront toujours à le
circonfcrire dans fes fonctions, quand bien
même il feroit venu à bout d'en fortir par
quelque circonftance extraordinaire, ou par
quelque défaut de furveillance de la part de
l'adminiftration.

A l'époque de 1786, on en étoit venu
au point que les chofes étoient à-peu-près
bien à l'égard du clergé. Il étoit renfermé
dans fes fonctions. Il s'occupoit des fciences
& de la piété. Il regardoit comme fuffifant
pour lui l'emploi important d'entretenir le
culte public, & de porter les hommes à l'honnêteté par les moyens que fournit la religion.
Il n'avoit aucune influence fur les affaires des
particuliers, ni fur les affaires publiques. Ad-

mis dans quelques compagnies, il ne pouvoit pas y passer un nombre fixé, & il n'y possédoit jamais de dignité. Et cet ordre n'avoit aucune raison de s'en plaindre, parce qu'il a ses dignités auxquelles les autres magistrats ne sont point admis, & qu'enfin il ne faut pas confondre & compliquer les services. Telle étoit la tranquillité de cet ordre depuis plusieurs siecles. Elle étoit le fruit de l'attention continue, & des soins éclairés d'un gouvernement plein de sagesse & de longanimité. Toute la France en étoit satisfaite ; & le clergé lui-même paroissoit reconnoître d'une commune voix, la justice d'un arrangement aussi conforme à l'esprit de paix qui lui convient.

Si les choses n'ont pas toujours été ainsi, & si nous recherchons ce qui dans nos premiers âges avoit donné chez nous tant de prépondérance à l'ordre ecclésiastique, nous trouverons que c'est parce que le clergé a été d'abord un ordre populaire, une véritable municipalité. Le peuple concouroit à l'élection des évêques & des dignitaires. Le

clergé étoit absolument dans le peuple.
Les ecclésiastiques, qui étoient en très-
petit nombre, étoient des personnes du
peuple que leur science & leur piété élevoient au ministere des autels. Le peuple
vivoit avec eux. Les personnes les plus
considérables du peuple imitoient la maniere
de se vêtir des prêtres, alloient jusqu'à porter
les mêmes couleurs. Les gens d'affaire étoient
des clercs. Cette identité des deux ordres
donnoit au tiers-état dans les assemblées publiques sa juste prépondérance : parce qu'indépendamment de sa voix, il avoit celle du
clergé, ou, pour mieux dire, celle du clergé
étoit la sienne. Depuis le concordat de François Ier & de Léon X, le roi nommant à
toutes les hautes dignités du clergé, la noblesse s'en trouve absolument en possession.
Il est très-rare d'y voir parvenir le tiers-
état : & nous ne le trouvons pas mauvais,
pourvu qu'il n'y ait point d'exclusion absolue. Mais personne ne peut disconvenir que
cette nouvelle disposition ne change absolument l'état des choses ; & il est évident que

le peuple n'a plus aujourd'hui aucun intérêt à voir le clergé former à lui seul un ordre dans sa compofition.

Tour-à-tour le clergé a pris des formes diverfes pour obtenir le fuffrage des peuples. D'abord il leur a été agréable par une fimplicité parfaite dans fes plus hautes dignités. Enfuite il a acquis une autre forte de confidération par la magnificence de fes dignitaires. L'inftitution des chanoines l'a confolidé en multipliant les liens dans les familles. Dans un autre tems l'inftitution des grands moines lui a fait beaucoup obtenir des peuples. Les mendians, les clercs-réguliers ont auffi eu leur moment de faveur. Aujourd'hui c'eft le tour des curés. Les curés qui nagueres n'étoient rien dans l'églife, en font à préfent, & avec juftice, les officiers les plus accueillis. Certainement nos curés font utiles, & font beaucoup de bien. Mais faut-il pour cela en changeant leur condition, les mettre dans le cas de changer leurs mœurs. Mais tandis qu'on forme de hautes affemblées où l'on appelle les évêques à la

présidence,

préfidence, faut-il que les curés, par une difpofition inouie jufqu'à préfent, fe trouvent
préfider dans prefque tous les villages l'affemblée paroiffiale relative à l'impôt ? Quelle
autorité nouvelle on donne par-là au clergé ;
& quel renverfement inconfidéré de toute
politique, dans les premieres affemblées nationales qui font l'élément de toutes les autres ! Ne paroît-il pas évident que c'eft livrer le gouvernement de la France entiérement à l'églife ?

Le peuple a porté le clergé fous Clovis
& fous Charlemagne, & a fait tout régler
en France par cet ordre à ces deux époques,
& l'on en a vu les raifons. Sous Hugues-Ca-
pet le peuple a laiffé là le clergé, & a porté
à leur tour les grands : & les grands ont
difpofé de tout fous les premiers rois de
cette race : depuis Louis II c'eft le peuple
qui paroît par-tout, felon fon droit, foit
par lui-même, foit par les parlemens ; & il
n'eft pas inutile de remarquer que jamais
nos grands n'ont été plus grands que depuis
cette époque, parce que c'eft l'effet naturel

B

de l'aggrandiſſement du peuple d'élever toujours davantage ceux qui ſe trouvent à ſa
tête. Quand au clergé, il n'a eu, comme de
juſte, aucune exiſtence politique depuis cette
époque, & en conséquence nos états-généraux ſont tombés en déſuétude, faute d'une
compoſition conforme à l'état des choſes,
& au droit commun.

Oui, M. c'eſt l'intervention du clergé au
premier rang qui a fait tomber les états-
généraux. Le peuple a mieux aimé les déci-
ſions d'un gouvernement impartial que celles
d'aſſemblées viſiblement partiales, & où les
principaux votans avoient un intérêt ou contraire au ſien, ou divers. Les tems ſont changés : l'égliſe qui jadis avoit beſoin du peuple fait aujourd'hui un corps bien diſtinct,
qui a de la force par lui-même, & qui ne
travaille plus que pour lui. Son expulſion des
affaires étoit l'effet d'un vœu bien conſtant &
bien éclairé de la part du peuple, & de la
part du gouvernement : & les innovations à
la faveur deſquelles on veut le rappeller dans
l'adminiſtration du royaume, ne tendent qu'à

faire renaître des troubles, à diminuer l'autorité du roi, à bleffer la liberté des peuples & à rompre l'équilibre de la chofe publique.

Que réfulte-t-il du rôle qu'à joué le clergé fous Clovis & fous Charlemagne, de
celui qu'à fait la nobleffe fous Hugues-Ca-
pet? Rien du tout quant au droit. Tout a
été relatif aux circonftances, & le droit commun du peuple François exifte indépendamment d'elles. C'eft donc dans le droit commun qu'il faut chercher une regle conftante,
& non dans une poffeffion qui a varié. Il ne
pourroit rien réfulter non plus du rôle que
joue le peuple depuis Louis II, fi fa prééminence n'étoit pas en effet conforme non-
feulement au droit public des François, mais
au droit public de tous les tems, de tous
les lieux, & de tous les peuples.

J'en conclus que fi l'on compofe des états-
généraux, il eft devenu néceffaire non pas
d'en retrancher tout-à-fait le clergé, mais
d'appeller avec lui dans la premiere divifion
toutes les autres magiftratures pour l'y ba-

lancer, de forte qu'il ne forme que la cin-
quieme partie de ce premier rang, auquel
les ducs, les maréchaux de France, les miniftres, les préfidens, paroiffent avoir encore
plus de droit de fe montrer que le clergé.

Une des caufes de la ruine de l'empire
Grec a été la trop grande influence du clergé
dans les affaires; & cependant il étoit encore
plus citoyen que le nôtre, puifque le ma-
riage permis aux prêtres dans cette commu-
nion le lioit d'autant plus à la chofe publique; mais la balance politique une fois rompue, tout eft entraîné, tout fe précipite dans
le défordre & dans l'oppreffion.

Prenons une fleche dans le carquois des
brouillons pour la leur lancer. M. d'Argenfon, celui fur lequel ils fe fondent pour tout
détruire; M. d'Argenfon dans fon livre d'inftitution, veut que tous les juges eccléfiaftiques foient remplacés par des laïcs, *l'efprit de l'églife, dit-il, n'étant pas que ceux
revêtus du caractere facré de la prêtrife fe livrent aux foins des affaires féculieres & tem-
porelles.* Je ne penfe point comme M. d'Ar-

genſon, & je crois que les eccléſiaſtiques feront toujours très-bien dans les tribunaux, pourvu qu'on les y tienne en très-petit nombre; & ſi je cite ici M. d'Argenſon, c'eſt pour montrer à ceux qui s'en autoriſent, que toute indigérée qu'eſt ſa politique, on la trouveroit encore en mille endroits contraire à leurs prétentions. Parce que M. d'Argenſon, n'a été qu'un bel-eſprit ſans profondeur, qui brouilloit ſans deſſein de nuire.

Camoëns, qui étoit un autre homme, & dans un autre genre que M. d'Argenſon, diſoit à Sébaſtien, roi de Portugal: *Ne prenez conſeil que de miniſtres qui joignent une parfaite probité à une longue expérience. Releguez au pied des autels ceux qui doivent en ſoutenir le culte; & ne permettez pas qu'entraînés par une vaine ambition, ils troublent votre peuple en voulant le le gouverner. Leur devoir eſt de lever les mains vers votre divin Maître, & d'implorer pour vous ſon éternelle ſageſſe: toute autre occupation eſt un crime chez eux.*

Je n'adopte point en tout les fentimens de Camoëns, cet oracle du Portugal, mais je montre en le citant, que les principes que je développe ont déjà retenti plus d'une fois parmi les nations éclairées. Je n'ai aucune prévention contre le clergé ; & en particulier j'ai peu connu d'ecclésiastiques que je n'aie respectés & chéris. Mais pour le général il faut favoir s'arrêter à leur égard à un point convenable de fageffe, de justice & de faine politique. Nous trouvons avec plaifir dans un ecclésiastique un parent, un ami, un concitoyen, un homme instruit, quelquefois un homme capable d'être utile à la patrie, foit comme ministre, foit comme ambaffadeur, foit comme juge ; mais toute cette opinion, nous l'arrêtons à la personne : nous réduifons l'office à l'office. Nous penfons cela de tel ou de tel du clergé ; mais il n'y a personne qui ne doive convenir qu'il feroit infenfé d'appeller tout l'ordre, fous prétexte de mérite, à des fonctions qui ne le regardent point en effet. Le clergé nous a fourni d'excellens adminiftrateurs. De cet ordre eft

forti un Richelieu, un d'Offat, un d'Amboife.
Suger étoit moine. Cela ne prouve que pour
ces perfonnages & pour d'autres qui peuvent
les valoir, mais rien pour les eccléfiaftiques,
comme eccléfiaftiques. Ceux que je viens de
citer penfoient même de leur ordre, ce que
nous en penfons, & perfonne ne l'a plus renfermé dans fes fonctions que Richelieu. Ou
il faut renoncer à toute politique, laiffer tout
rentrer dans le cahos & dans l'anarchie, ou
il faut avouer que ce doit être là un des
premiers foins d'un gouvernement prudent.

Ce que je dis ici de l'ordre facerdotal,
je le dirois également de l'ordre militaire,
fi cet ordre vouloit étendre fon influence fur
les autres parties de la chofe publique. Je
n'en parle point, parce que les circonftances
n'y donnent pas lieu. Mais il paffera toujours
pour certain qu'on ne doit en bonne politique
mêler aucune autre fonction à celle de ces
deux ordres. L'un a trop d'influence par la
confiance, l'autre en a trop par la force,
& il eft évident qu'il en réfulteroit trop de
puiffance & trop d'abus.

Après avoir vu le clergé fous toutes fes
faces, fi nous venons à examiner notre nobleffe qui étoit en poffeffion de fiéger, comme ordre particulier, dans nos anciens états-
généraux, nous trouverons ici un droit mieux
établi, non plus celui d'un office, mais celui d'une propriété tranfmife de race en race
par héritage & par fucceffion, droit qui eft
un des principes fondamentaux de tous les
états. Sous ce point de vue nous devons convenir que fi ce droit peut avoir quelqu'exiftence, c'eft fur-tout pour l'ordre de la nobleffe. Mais nous voyons avec plaifir qu'en
attaquant la partie de fes privileges qui eft
appuyée fur un fyftême de gouvernement
imparfait, nous lui en donnons davantage
fous un fyftême de gouvernement équitable
& grand, & que tout en prenant l'intérêt du
peuple, nous trouverons avoir parfaitement
défendu celui de nos grands.

Je n'ai rien à vous ajouter ici, M. à ce
que j'ai dit dans mon difcours fur les ufages, des inconvéniens & des avantages de
la nobleffe. Il fuffit qu'elle exifte, & par

le fait du gouvernement en ce qu'elle en eft
reconnue , & par le bénéfice de l'opinion
publique, en ce que le peuple, par une abondance de grace également pleine de nobleffe,
aime à reconnoître dans les enfans le mérite
de ceux qui l'ont illuftré.

Auffi la prééminence de la nobleffe eft-
elle dans toute fa pureté, lorfqu'elle eft accordée librement, & fans le concours d'aucune autorité. Et en effet, la confidération
qu'on lui donne tient à la politeffe & non
au devoir. La nobleffe eft une diftinction
& non une fupériorité. C'eft une groffiéreté à
un citoyen de refufer à la nobleffe polie
quelque avantage en ce qui dépend de lui,
& non une injuftice. Jamais le noble ne jouit
avec plus d'étendue de fon élévation , que
lorfqu'il la poffede du confentement des autres. La perfection de cette diftinction eft
d'être accordée par la bonne volonté. Dès
qu'un noble devient infultant, incommode,
exigeant, on compte bientôt avec lui : on
le renvoye à l'exercice ftrict de fon privilege , & l'on réduit à rien fa prérogative

dans la société. Ce trône fragile, construit
sur l'opinion, s'écroule dès qu'elle vacille.
Il faut que le noble en revienne toujours
à agréer, pour jouir pleinement. Et c'est,
comme je l'ai dit, ce qui porte la noblesse de France à mériter, ce qui en fait
la noblesse la mieux disciplinée & la plus
excellente du monde.

Mais cette grande distinction n'est accordée
qu'à cette noblesse ancienne, dont l'origine
s'enfonce dans la nuit des tems, & qui se
montre à la génération présente toute char-
gée d'illustration & de services : ou bien à
celle qui plus moderne, sort d'une souche
si brillante, que l'abondance de la gloire
équivaut alors, comme je l'ai dit ailleurs,
à l'antiquité de la gloire. Nous avons quatre
ou cinq cens races de cette qualité, dont
les chefs sont les plus grands seigneurs du
monde connu. Ils priment tous les nobles
de l'univers, & par l'ancienneté, à cause
de l'ancienneté du royaume ; & par les
dignités, à cause de l'éclat de la nation
qui rehausse d'autant plus l'éclat de ses

dignitaires ; & par la publicité , à cause de
l'autenticité de nos actes , de la beauté de
notre langue & de l'élégance de nos noms
aisés à retenir & à répéter ; & par la notoriété étrangere , à cause de notre position
& de notre influence sur les autres peuples,
qui ayant tous nécessairement les yeux attachés sur nous , font de notre France le plus
beau théâtre où puissent se développer les
grandeurs humaines.

C'est cette noblesse qui est si incontestable
& si élevée , qu'elle devient supérieure a
tout préjugé , c'est elle qui est vraiment
chere à la nation , c'est elle qui aime la
splendeur du tiers-état & dont le tiers-état
aime la splendeur : c'est cette noblesse enfin
qui est notre noblesse nationale , qui est la
vraie noblesse Françoise. Tout le reste de la
noblesse obscure , ou de la noblesse acquise,
qui est sans illustration & sans possession de
grande Terre , n'est censé que du tiers-état.
Elle est bonne cette noblesse pour faire appeller de préférence aux places ceux qui la
possedent & qui y joignent le mérite. Ce

qui eſt très-ſage ; car enfin, il faut bien que
la choſe publique ouvre aux enfans des
profeſſions analogues à celles de leurs peres,
quoique ſans excluſion ; & il ſeroit contre
l'ordre que tous les citoyens tendiſſent aux
dignités.

Si donc, lors de la compoſition des états-
généraux, notre monarque prenoit le ſage
parti d'appeller dans la premiere claſſe,
tous les magiſtrats ſupérieurs, y compris
les eccléſiaſtiques, on voit que cette claſſe
ſeroit toute compoſée en effet de nobles,
que notre haute nobleſſe s'y verroit toute
compriſe, & que s'il s'y trouvoit par
aventure quelques roturiers, il ſeroit juſte
de les y laiſſer, le grand mérite qui eſt
cenſé les avoir élevés aux places, leur donnant droit à toutes les diſtinctions. Ces
exemples rares, loin de nuire aux avantages de la naiſſance, les rendent plus chers
& plus authentiques : ils conſacrent les droits
de la nation, & font d'autant plus regarder
la vertu comme le partage de la nobleſſe,

qu'ils montrent l'éminente vertu avec toutes
les diftinctions de la nobleffe.

Que fi par le plus grand des hafards il
fe trouvoit un Montmorenci, un Nefle, un
Châtillon, un Sully, un Colbert, un Molé
qui n'eût ni dignité, ni propriété fuffifante
pou. entrer aux états, je crois alors que
la propriété de fon nom devroit fuffire pour
le faire admettre à l'affemblée nationale
dans l'ordre des propriétaires. Mais je mets
en fait que ce cas eft prefqu'impoffible, par
des grandes facilités qu'ont tous nos grands
de fe placer avantageufement.

En traitant ainfi la prérogative de la nobleffe dans une affemblée générale, je crois
que les magiftratures y gagneront, que
l'autorité ceffera d'y perdre. Les nobles y
verront leurs droits confolidés, & leur illuftration confacrée; & tout le peuple y
trouvera une ordonnance conforme à fes
opinions. Au lieu qu'en redonnant une exiftence au clergé comme clergé, & à la
nobleffe comme nobleffe, on rappelle tous
les inconvéniens que le fyftême ancien avoit

tre le peuple , en jouiſſant des ſacrifices
la juſtice du ſyſtême nouveau a obtenu
lui : ce qui eſt inſoutenable & auſſi con-
re à l'autorité du roi qu'à la liberté
lique. Paſſons au tiers - état , qui eſt
dre pour lequel perſonne jamais ne ré-
ne, puiſqu'il n'a point de penſions, point
nplois à donner , qu'il ne parle point
les appartemens du roi aux gens de
our pour faire avancer ceux qui le dé-
ent ; mais qui n'en porte pas moins le
eau de tout , qui n'en forme pas moins
nds de la choſe publique.
ouis XI, Louis XII, François premier,
ri IV , Louis XIII ont connu le tiers-
, & ont ſu à quoi il étoit bon. Ces
es ſe ſont vus obligés de travailler pour
uérir. Mais leurs ſucceſſeurs ayant trouvé
établi , accoutumés à voir tout rouler
inconvéniens , toujours entourés de
iſans qui ne leur parlent que d'eux ,
laiſſant bientôt plus approcher par des
du tiers-état, leurs ſucceſſeurs pourroient
ur perdre de vue les droits de cet ordre

au grand dommage de l'État & d'eux-
mêmes. Je crois infiniment utile que nous
en traitions ici enfemble. On parle affez à
la cour pour les nobles. L'adminiftration eft
criblée d'écrits en leur faveur. C'eft de
toutes parts un bourdonnement confus des
nobles qui ne laiffe plus difcerner aucune
autre voix : & dans le gouvernement, le
roi va fe trouver bientôt feul pour le peuple.
Puiffe notre entretien retentir jufqu'à ce
prince généreux ! & lui prouver que le
parti de fon cœur eft auffi celui de la raifon
& de la faine politique.

De tout tems il y a eu en France un
tiers-état, c'eft-à-dire, une claffe de citoyens libres, propriétaires & maîtres,
qui ont voulu être foumis au roi plus directement, & qui ont fu maintenir leur
indépendance, & contre les grands vaffaux
& contre l'étranger. Quoi qu'en dife M. de
Boulainvilliers, jamais les bourgeois de
Paris, de Lyon, de Rouen, de Bordeaux,
de Marfeille n'ont été ferfs. Ils ont toujours
eu des capitulations, des franchifes, des

privileges qui les affimiloient aux fimples nobles. Les ferfs dans nos tems féodaux, étoient les cultivateurs difperfés fur les feigneuries, & encore n'étoient-ils pas précifément efclaves. Ils reftoient attachés à la glebe felon de certaines conventions, pour cultiver les terres, tandis que les maîtres de fief alloient à la guerre. Et nos payfans d'aujourd'hui ont peur-être moins d'aifance; mais la liberté, ce premier des biens, leur rend légers des fardeaux fous lefquels on verroit fuccomber des efclaves; les tailles offertes par des citoyens à un grand roi, en paroiffent moins accablantes, & nos terres cultivées par nos mains libres, n'ont plus ni ronces, ni cailloux.

Il eft vrai que le régime féodal ne fut pas plutôt établi univerfellement, que l'on vit les feigneurs exercer des violences fur les ferfs ainfi difperfés & à leur merci. On penfe bien que les conventions qui affuroient à ces ferfs leurs femmes, leurs filles, leurs propriétés, étoient continuellement violées par ces barbares, ennemis de toutes difcipline.

cipline. Mais au milieu de ce renverſement
entier de tous les droits humains, la France
fourit encore une preuve de cet amour
primitif pour le droit des gens, pour la
juſtice, pour la liberté. Nos paladins pa-
rurent. Mille & mille guerriers ſe vouerent
ſous le nom de chevaliers errans, au ſoutien
de l'innocence & de la foibleſſe perſécutée.
Ils voloient par-tout où le cri de l'oppreſſion
leur annonçoit la préſence de la tyrannie.
Ils aſſiégeoient les châteaux, faiſoient ouvrir les priſons, forçoient au combat ces
ſeigneurs intraitables, & puniſſoient par les
armes des barbares qui abuſoient du droit
des armes. Les courſes, les combats de ces
chevaliers, leurs amours, leurs jeux, leurs
tournois, leurs armures, & juſqu'à leurs
palefrois ou montures, étoient des objets
d'admiration. Leurs faits particuliers nous ont
acquis dans ces tems de ténèbres, un genre
de gloire moins grand que les faits généraux,
mais plus touchant peut-être. Les poëtes
n'ont point manqué de chanter ces fameuſes
expéditions, & les peuples les racontent

encore avec émotion. C'est ainsi que les
plus grands abus ont été balancés chez nous
par les plus généreuses entreprises : & que
le moment même de notre plus grand abaiſ-
ſement ſemble n'avoir ſervi qu'à nous
rendre les inventeurs d'un nouveau genre
d'héroïſme , fait pour intéreſſer , & pour
étonner à jamais la poſtérité.

Pendant tout le période de la féodalité,
les bourgeois ſe tenoient clos dans les villes
où ils ſe bornoient à maintenir leurs privileges. Il eſt vrai que tandis que ce ſyſtême
étoit dans toute ſa fureur, ils n'étoient point
appellés aux états-généraux. Mais auſſi on
ne leur demandoit point de ſubſides. Cette
exemption étoit au rang de leurs franchiſes.
Lorſqu'on a étendu les impôts ſur tous les
citoyens, il a bien fallu appeller les gens du
tiers-état , comme la nobleſſe. Ils y ont
paru ſous leurs anciens noms de bourgeois,
burgenſes, cives oppidani , gens des bonnes
villes. Il eſt faux , comme le rapporte
M. d'Argenſon , que le nom de *doléance*
fût propre aux repréſentations du tiers-état

dans les assemblées publiques. Les représentations des trois ordres avoient la même
dénomination. Tout ce qui étoit résistance
prenoit un caractere humble, selon notre
système antique de respect pour nos rois,
qui nous fait toujours présumer que leurs
propositions sont justes & éclairées. C'est
toujours par les termes de supplications, de
remontrances, de doléances, de représentations, que nous nous excusons d'y déférer,
regardant comme une circonstance malheu-
reuse l'obligation où nous pouvons être de
les discuter; tant le vœu primitif du François est d'être un dans son roi!

Louis XI, ce prince si caché, si taciturne,
se dérideoit à la vue d'un homme du tiers-
état. Son secret lui échappoit par ce sourire.
Il avoit résolu d'affranchir les rois de France
de la tyrannie des grands vassaux : il y est
parvenu. Il s'est vanté, selon le langage du
tems, d'avoir mis les rois hors de page : &
il n'y a réussi qu'en donnant du ressort au
tiers-état. Sans doute qu'il ne lui falloit pas

de confident pour opérer cette révolution ;
mais fa joie fecrette à la vue d'un bourgeois
le décéloit. Elle étoit un trait caractéristi-
que de fa politique ; & l'on aime à en rencontrer de pareils dans l'histoire ; parce
qu'ils font profonds, parce qu'ils développent
les hommes & les chofes. Le fourire de
Louis XI preffentoit le regne de Louis XIV.
« Je travaille pour toi , difoit en lui-
même le fixieme Valois à la vue d'un
homme du tiers-état, ton intérêt eft que je fois
puiffant : le mien eft que tu fois heureux :
je n'ai rien à craindre de ta part : tu as tout
à efpérer de moi : tu es mon homme ».

Mais pour maintenir le tiers-état dans fon
utilité, tous les moyens ne font pas bons,
& il faut que le gouvernement prenne confeil d'une politique fage, fondée fur l'état
vrai des chofes & fur le droit des gens. Il faut
qu'il faffe que la qualité de fimple citoyen
foit quelque chofe : il faut qu'il faffe que le
titre de citoyen abforbe tous les autres titres,
& que fans bleffer aucune diftinction de
droit, ce titre, le premier & le plus facré

des titres, rappelle tous les membres de l'É-
tat à une honnête égalité.

Par exemple, la trop grande facilité des
ennobliffemens eft ce qui de nos jours a le
plus nui à la fplendeur du tiers-état. Tout
le monde a voulu être noble : on a mieux
aimé être noble qu'honnête homme. On a
vu des gens emprunter pour acquérir des
charges de fecretaires du roi ; d'autres faire
des dépenfes au-delà de leurs forces pour
paffer dans les échevinages ennobliffans :
plufieurs manquer enfuite, & n'être pas hon-
teux d'acquérir ainfi la nobleffe aux dépens
de l'honneur, de fouler aux pieds le premier & le plus néceffaire des titres, celui
d'homme de probité, pour le plus vain &
le plus proftitué de tous, celui de petit noble.
Ah ! fi nous voulons maintenir le tiers-état
dans fon utilité & le royaume dans fa fplendeur, ne perdons jamais de vue dans la fociété & dans le gouvernement, que la pre-
miére des confidérations eft due aux gens
de probité & aux citoyens utiles.

Le même Louis XI qui avoit long-tems

fait accueil à un bourgeois , lui tourna le dos dès qu'il eut acquis la nobleſſe. « Je faiſois cas de vous auparavant, lui dit ce prince, vous étiez le premier de votre état, vous n'êtes plus aujourd'hui que le dernier des nobles ». C'eſt ainſi que penſe toute la France. Les ennoblis qui ont de la richeſſe & de la nobleſſe dans les ſentimens ſont eſtimés ſous ces rapports : ceux qui ne les ont pas , l'opinion s'obſtine à les renvoyer à leur premier état.

La manie de la nobleſſe donne lieu à des queſtions que je défie qu'on réſolve ſans choquer le bon ſens. Par exemple, les derniers des nobles qui ne ſont rien , doivent-ils être mis avant les premiers de la roture, qui ſont ſouvent des gens célèbres , des artiſtes conſidérables, des chefs de commerce. Si ces petits nobles doivent paſſer avant , la choſe eſt abſurde & impraticable. S'ils doivent céder , on ſe contredit ſoi-même. On voit qu'il en faut revenir à ne donner le pas qu'aux offices, en tâchant d'y employer le plus qu'on peut des nobles , & à

abandonner le reste à l'égalité, à la politesse, à la force des choses, en laissant au
tiers-état après les officiers, une place assez
distinguée pour le satisfaire.

Si l'on veut faire sortir l'usage de la noblesse du droit de conquête, comme l'a
prétendu M. de Boullainvilliers, je demande
si, après la conquête de la Chine par les
Tartares, le dernier des Tartares a eu le
droit de primer le premier des Chinois.
Comme je pense qu'on doit répondre, non.
Je demande ce que devient le droit de dis-
parité que M. de Boullainvilliers a voulu
faire sortir des fausses assertions qu'il a accu-
mulées sur la prétendue conquête des Francs,
qui n'a été qu'un établissement.

Chez les Romains, l'édile noble étoit
distingué de l'édile plébéien, par une chaise
d'ivoire. Cela seroit impraticable chez nous.
Le plébéien Romain étoit activement souverain sur la place publique. Au sénat, il
étoit tribun, préteur, consul nécessaire. On
peut laisser une chaise fragile aux autres,
quand on est sûr d'occuper à son tour le

C iv

premier trône du monde & d'en difpofer
fans ceffe. Le peuple François s'étant dé-
pouillé de tout, fe trouveroit bleffé par des
apparences extérieures d'inégalité. Il faut au
moins, être poli avec ceux à qui on laiffe fi
peu d'avantages & de qui on en reçoit tant.

Il y a dix ans qu'on n'entendoit jamais
parler de nobleffe dans les cercles. Cela
paffoit même pour incivil. On eût craint
de s'en occuper devant quelqu'un qui eût
pu en être privé : & il étoit vain & inutile d'en traiter entre égaux. Sous tous les
rapports, ce fujet étoit reconnu pour mor-
tellement ennuyeux. Renvoyé dans les cabinets des généalogiftes & dans l'affaire des
préfentations, le monde n'y vouloit point
entendre. Depuis toutes ces créations d'affemblées, on n'entend parler par-tout que de
nobleffe, on ne cherche que nobleffe. Les
fallons de compagnies vont bientôt devenir
des chapitres à preuve, où l'on ne pourra
fe préfenter qu'une généalogie à la main.
On propofe pour livres nouveaux, des re-
cueils d'armoiries, des compilations de

chartres, des relevés gothiques, on vante un beau traité fur la nobleffe, où l'on démontre comment autrefois un noble combattoit à cheval, & un roturier à pied, où l'on donne de bonnes notions fur la qualité de chevalier, où l'on fait voir bien clairement ce que c'eft qu'un écuyer. Si toute cette manie prenoit, comme elle rapetifferoit l'homme, comme elle le rendroit vain & vil! Comme elle étoufferoit le patriotifme & l'efprit focial! Mais ils fe trémouffent en vain pour ramener la barbarie, ces êtres étroits & tyranniques, ils ne donneront point le change au gouvernement comme ils l'efperent; ils ne tromperont pas la nation, comme ils l'ont fait autrefois. Ils ne viendront point à bout de faire honte à un François d'être citoyen en le mettant au-deffous d'eux. La monarchie, reftaurée par le tiers-état, faura foutenir ceux qui l'ont confolidée & maintiendra malgré toutes ces innovations, cette jufte égalité fans laquelle il n'y aura jamais de vraie liberté.

Qu'on obferve la marche de toute cette

petite nobleffe. Elle a demandé d'abord par la poffeffion des charges ennobliffantes, une diftinction fans conféquence. Aujourd'hui elle tend à s'arroger fous ce prétexte une véritable autorité, une exiftence politique excluſive, une démarcation moleſtante pour le tiers-état, dont la bonne compoſition eſt l'eſpoir & le foutien de la choſe publique. Un homme qu'on diftinguoit à peine dans l'ordre de la nobleffe, s'aviſe de dire dans un difcours qu'il adreffe témérairement au roi, & qui devient public, s'aviſe de dire que : *Le roi dans ces momens de trouble a bien la reſſource de ſa nobleſſe pour le foutenir, mais qu'il doute ſi le tiers-état voudra obéir à la nobleſſe.* Comme s'il étoit de principe qu'il fallût obéir à la nobleffe qui n'a pas d'office pour commander, & comme fi à chaque page de notre hiftoire il n'étoit pas prouvé que c'eſt la baffe nobleffe qui, dans tous les tems, a fomenté tous les troubles, & le tiers-état qui a toujours été du côté du roi.

Si cette manie de généalogies obſcures

continue, il faudra que nos descendans en
perdent tout-à-fait la tête; car, Dieu merci,
nous ne sommes pas prêts à périr; & avec
la régularité dont nos registres aujourd'hui
sont tenus, nous pourrons compter sans fin.
Nos neveux seront encore bien plus nobles
que nous. Quel accroissement de noblesse!
Quelle amplification de vaine gloire! Heureusement nous aurons pour nous rabattre,
nos concitoyens les Juifs, qui nous primeront toujours, puisqu'ils remontent par une
descendance bien prouvée, jusqu'à Abraham.

Sans doute que le pouvoir d'ennoblir est
inhérent à la royauté, & on ne prétend pas
que nos rois doivent se l'interdire. Les en-
noblissemens pour actions éclatantes & pour
services notoires rendus à l'État, sont res-
pectables & respectés, parce qu'ils sont
vrais. Le monarque dans ces cas rares ne
fait qu'ajouter l'effet civil à une noblesse qui
existe déjà & qui est consacrée par l'opinion.
En général lorsqu'un citoyen est illustré par
elle, le gouvernement fait sagement de
concourir à son illustration; c'est en vain

alors qu'il s'y oppoferoit : le public briferoit
l'obftacle & placeroit fon héros au-deffus.
Il a été chercher les enfans de Corneille au
moulin, où le gouvernement les oublioit.
Ses entrailles fe font foulevées pour cette
race d'un de nos demi-dieux, & l'on a fenti
qu'on ne devoit rien à perfonne, fi l'on ne
devoit pas tout à un pareil fang.

Enfin, la richeffe même fuffit pour mettre
le fouverain dans une forte d'obligation de
réputer nobles ceux qui vivent comme tels,
foit pour ne pas contrarier l'opinion publique
qui ajoute toujours une idée de nobleffe à
la poffeffion des grands biens, foit pour
accorder aux citoyens riches toutes les jouif-
fances d'opinion, & ne leur point faire défirer le féjour des pays étrangers. C'eft pourquoi les charges ennobliffantes feroient bien
inventées, fi elles n'étoient que perfonnelles,
& fi elles n'avoient d'effet pour les races
qu'après trois générations de poffeffions. Il
feroit peut-être encore à défirer qu'on revînt
à accorder la nobleffe à ceux qui ont poffédé
une terre à grande culture pendant trois

générations. Cela attireroit de tems en tems les richeſſes du tiers-état ſur les terres qui demandent des dépenſes & des ſacrifices. En effet, trois générations de jouiſſance d'une condition noble doivent en aſſurer la continuation. La preſcription eſt acquiſe ; & toute loi qui la refuſeroit par-tout où la nobleſſe eſt établie, ſeroit injuſte.

Mais ennoblir des ſouches avec cette profuſion, à propos d'un office paſſager, c'eſt vouloir rendre une partie des citoyens néceſſairement à charge à l'autre, ôter au tiers-état tous ſes moyens, énerver ſes mœurs, & réduire à rien la nobleſſe des ſentimens qui tend à diſtinguer les citoyens par leur mérite, par leurs procédés, par leur politeſſe, par leur probité, enfin par des effets réels.

Pour réparer l'indiſcrétion de tant de créations de nobles, & pour ſoutenir le tiers-état, il eſt donc de la plus grande impor-tance de mélanger les conditions, & de mettre, comme par le paſſé, la roture honorable avec la nobleſſe, qui eſt vraiment

à charge à l'État, quand elle est dépourvue
de mérite & de fortune, sans qu'elle puisse
se targuer de verser son sang pour sa patrie ;
parce qu'après un combat, il reste plus de
roturiers que de nobles, sur le champ de
bataille.

Autrefois nos grands seigneurs, nos ducs
s'entouroient de gens du tiers-état distingués.
Aujourd'hui ils n'ont plus autour d'eux que
de petits nobles. Ce parti qu'ont pris nos
grands, les a insensiblement isolés : ils ne
vont presque plus en visite chez les bourgeois, ne les fréquentent plus. La petite noblesse a profité de cet éloignement pour
nouer l'intrigue qui se développe aujourd'hui,
& qui est aussi désavantageuse à nos grands
qu'au tiers-état. Les grands influent moins
sur le peuple & en sont moins respectés, le
service du roi y perd par-là même. Les
grands ont moins d'amabilité, d'expérience
& d'intelligence, parce qu'ils ont moins de
communications. En vain ont-ils voulu exiger
du mérite & des talens de leurs petits nobles.
L'esprit & l'intelligence ne vont point avec

les préjugés, avec la malice, & le mécontentement caché. Les efforts de tous ces
écuyers n'ont fait qu'inonder le public d'ai-
grefins littéraires qui font l'ennui des compagnies & la honte des arts.

Mais que faut - il donc que faffent les
petits nobles ? Qu'ils quittent leurs préjugés,
leurs cabales, leur efprit de divifion, leur
jaloufie contre le mérite, leur prétention à
établir en France le gouvernement Polonois ;
qu'ils prennent de l'éducation, de la civilité,
qu'ils cherchent à acquérir de la fortune par
des moyens honnêtes, qu'ils renoncent à la
manie de payer par-tout de généalogie, qu'ils
s'honorent de l'égalité & du titre de citoyen :
alors ils feront heureux, confidérés, accueillis, & ils cefferont d'être à charge à
eux-mêmes & à la fociété.

Toutes les portes fe ferment aujourd'hui
à l'ordre du tiers. Autrefois le prévôt des
marchands de Paris même étoit un roturier, & il décidoit fouvent de la fortune de
l'État. Aujourd'hui le maire d'un bourg eft
un noble. Dans l'affemblée des notables de

1787, il n'y avoit peut-être pas deux roturiers. Cette inattention à maintenir les droits
du peuple peut avoir les suites les plus fâ-
cheufes pour le gouvernement même. Quand
il y regardera de plus près, il verra qu'il
s'ôte ses meilleurs moyens.

Nos parlemens, quoique presque tout
compofés de nobles d'ancienne race, font
par leurs offices dans le tiers-état, & jufqu'à préfent, ils en ont bien défendu les
droits ; mais pourquoi laiffer peu-à-peu établir, comme on fait, l'exclufion du tiers-
état de ces compagnies ? On s'expofe à leur
faire perdre la confiance du peuple, & à
les rendre moins utiles au fervice. Il faut
pour être au parlement, des mœurs, de la
fcience & de la fortune : la naiffance y eft
fans conféquence : la grandeur des fonctions
y égale tout.

Si les parlemens qui font fédentaires &
inftruits, font jufqu'à préfent reftés du côté
du peuple, les maires qui font paffagers,
ne fe font presque jamais occupés de fes
intérêts : ils ont toujours plus agi d'après leur

qualité

qualité perfonnelle, que d'après les devoirs
de leur office; c'eft pourquoi il feroit très-
politique de rendre à l'ordre du tiers, les
places qui lui appartiennent & de l'admettre,
felon fon droit, en plus grand nombre dans
les magiftratures.

Dans les tems féodaux, dès qu'il y avoit
une réunion de citoyens, maîtres & propriétaires fur un feul point, le gouvernement y
formoit une municipalité pour s'attacher ces
citoyens, & leur accordoit, même pour
leurs maifons des champs, des privileges
équivalens à la nobleffe, c'eft-à-dire, une
loi d'égalité, & cela étoit d'une excellente
politique. Le miniftre qui a confeillé l'affemblée de notables de 1787, avoit propofé
de porter atteinte à ces privileges, & d'é-
tablir une capitation roturiere. La nobleffe,
meilleure politique, a refufé une diftinction
qui l'eût rendue odieufe à ce qu'il y a de
plus fort dans le royaume; & en cela, elle
n'a pas moins montré d'habileté que de juftice. Mais fi la propofition eût paffé, comment ce miniftre s'y feroit-il pris pour

D

défobliger à ce point des villes comme Paris, Bordeaux, &c. Certes, on conviendra que ce miniftre n'étoit pas politique, & que s'il n'eût pas échoué avec les notables, il ne pouvoit pas manquer d'échouer avec le peuple. Les difpofitions des citoyens doivent être calculées encore plus que leurs finances. Si les payfans n'étoient pas difperfés, ils refuferoient la taille, parce qu'elle abaiffe, fauf à contribuer autant fous le nom de vingtiemes, parce que c'eft l'impôt général. On ne propofe point à des hommes réunis de les abaiffer : s'ils font les plus forts, on rifque de compromettre l'autorité & de n'être point obéi : s'ils font les plus foibles, ils fe vangent par la haine, & cette haine mine un État.

Il eft reconnu aujourd'hui que nos campagnards payent trop de tailles. Non-feulement le gouvernement doit s'occuper des moyens de foulager les plus petits, mais encore de faire porter aux plus riches le poids de l'impofition avec plus de patriotifme. Il femble que le gouvernement ne

foigne, pas affez les détails de cette impofition. Pour encourager les riches à en moins
rejetter le poids fur les petits, ne feroit-il
pas bien qu'il y eût quelque honneur, quelque privilege à payer beaucoup : que celui
qui paye cinq cens francs de tailles, par
exemple, eût le port d'armes, le droit
d'exempter fon fils ainé de la milice ; que
celui qui paye mille francs, pût exempter
tous fes fils & même un valet pour le fervice
de fa perfonne, & quelques autres privileges dans les municipalités. Cette attention
flatteroit les propriétaires importans, &
montreroit que leur fubvention eft comptée
pour quelque chofe, qu'il y a quelque honneur & quelque avantage à contribuer au
foutien de la chofe publique. Je ne doute
point que la maniere qu'on a adoptée d'af-
fener l'impôt, ne foit ce qui le rend fi
odieux. On ne propofe point aux gens de
payer beaucoup, à condition d'être méprifés
beaucoup, & de n'être comptés pour rien
dans tous les cas. C'eft pourquoi il fembleroit
bien que l'entrée aux états-généraux dans

les deux autres claſſes fût réglée par la
quantité de ſubſides qu'on payeroit. De
cette maniere on ſe feroit un mérite de payer
ce qui eſt dû , au lieu que par la maniere
établie , c'eſt à qui ne payera pas , & le plus
petit finit par être écraſé.

Pour réunir dans le même écrit tout ce
qu'il y a à dire ſur la diſparité qu'on veut
rétablir entre les ordres de citoyens , il me
reſte à vous ajouter, Monſieur, que quoique
la partialité des rois pour les nobles ſoit
toujours injuſte, il y a cependant un cas où
elle eſt politique, & où elle peut leur être
utile. C'eſt lorſque le roi n'eſt pas entiérement ſouverain , & que le peuple garde
l'exercice de l'autorité. Alors le roi forme
avec ſes nobles un parti qui donne quelque
poids à ſes propoſitions ; mais lorſqu'un
peuple donne au roi une pleine puiſſance,
une ſouveraineté abſolue, le roi doit d'autant plus ſe livrer au peuple , que le peuple
s'eſt livré plus complétement à lui , & il n'y
a qu'une impartialité bien entendue qui ſoit
dans ce cas parfaitement politique.

Le jour où cette impartialité disparoîtra
en France, le roi perdra infiniment de son
autorité, les grands tout leur éclat, le
peuple beaucoup de ses ressources. Les bourgeois en seront quittes pour faire sission &
pour revenir à se cantonner : les nobles seront
abhorrés : les villageois asservis. La barbarie
renaîtra parmi nous : la civilisation ira en
Allemagne, en Italie, en Espagne, peut-
être en Amérique ; & nous rentrerons, nous,
dans les ténebres, dans la tristesse, dans
les divisions, dans le fanatisme, dans les
proscriptions.

Le tiers-état est en possession de toutes
les richesses mobiliaires du royaume, de
tout le commerce, de toute l'agriculture,
de tous les immeubles des grandes villes,
des sciences, des arts, de la plus grande
partie de l'intelligence & de la vertu de la
nation. Il est le maître de l'opinion par sa
nombreuse population, le soutien de la
monarchie, par les immenses subsides que
lui procure son industrie, le frein des grands
& des petits par ses mœurs : il a certaine-

ment le droit de traiter sans intermédiaire
avec son roi : il y a plus : il est le peuple
qui mérite le mieux de conserver cette égalité, par la maniere généreuse dont il en
use.

Voilà, je crois, ce qui doit faire désirer
que le second & le troisieme ordres des états-
généraux soient réglés par les forts subsides sur
les terres, & par les forts subsides sur les
personnes. De cette maniere, tous les hauts
magistrats qui ont l'expérience du gouvernement, formeroient le premier ordre. Dans
le second, se trouveroient alors tous les grands
propriétaires terriens. Dans le troisieme, se
trouveroient tous les grands propriétaires
domiciliés ; c'est-à-dire, les jurisconsultes,
les négocians, les armateurs, les chefs de
manufactures, & d'autres citoyens qui influent sur la chose publique. Il arriveroit
delà que nos distinctions barbares, qui ne
conviennent plus au tems, seroient anéan-
ties, que tous les ordres pourroient être
également remplis par des nobles, que les
roturiers ne seroient de droit exclus d'aucun,

& que ce fage mêlange, tout à l'avantage de la noblesse, sans nuire aux droits de personne, deviendroit agréable à tous.

Mais il est sur-tout de la plus instante politique dans cette crise singuliere, où tout tend à rompre l'équilibre, de ne point porter atteinte aux prérogatives du tiersétat, si l'on veut conserver l'éclat du trône, maintenir la force de la nation, entretenir la prospérité publique. Il importe aussi pour l'avantage de la noblesse qu'elle s'unisse intimement avec le tiers-état & le peuple dans la discussion de l'intérêt commun : car le peuple est ce qui donne toute la force, le peuple est la nation, le peuple a un état vrai & indépendant de tous les autres ordres. Il est, parce qu'il est. Il n'a pas besoin pour exister de l'existence des autres : la sienne est naturelle & nécessaire. L'existence de l'ordre noble n'est que relative : il a un besoin immédiat du peuple pour être quelque chose: ce qui lui donne une infériorité sensible dans le moment de l'assemblée. Aussi parmi les nations instruites à fond du droit public, dès

que le peuple se rassembloit, les nobles
avoient soin de rentrer dans l'ordre du peuple
pour voter avec lui. Et en établissant cette
parfaite égalité dans nos assemblées nationales, elles n'en feront que plus augustes,
plus unanimes dans leurs résolutions, moins
difficultueuses dans leurs controverses, &
plus approuvées par ceux qui n'y assisteront
pas.

" Quelle est dans tous les pays la base de
la monarchie ? C'est le plus grand nombre,
c'est le peuple. La sûreté de la monarchie
est dans le maintien de l'égalité & de la
liberté. Celui-là seul est puissant, celui-là
seul est vraiment roi qui, dans l'exercice de
la royauté, a trouvé le moyen de plaire au
plus grand nombre. Ceux qui veulent porter
toute l'attention des rois sur leur noblesse,
les trompent; ils ne sont que des gens de
parti, qui diminuent en effet l'autorité des
rois, en ayant l'air de la renforcer par un
degré de subordination de plus. Et les monarques qui adoptent ce système, s'aliènent
insensiblement leurs peuples, & se trouvent

bientôt à la merci de leurs nobles , qui fi-
niffent par ne les plus refpecter , parce que
les rois n'ont plus en effet que la puiffance
que les nobles veulent bien leur laiffer pour
leurs intérêts. Et telle a été la fituation de
nos rois fous le régime féodal.

Cette ariftocratie intermédiaire des nobles
eft durable dans les corps politiques ; mais
elle n'y entretient point la vie , elle ne fait
qu'y prolonger la mort. Un monarque d'accord avec fon peuple , lui redonne de l'ame
& de l'activité. Il n'y a point de projets
tyranniques qui coûtent à entreprendre & à
exécuter à des nobles réunis ; ce qui eft fait
par plufieurs , n'eft fait par perfonne : tous
s'en excufent & vont cependant leur train.
Mais un monarque mal difpofé , eft épouvanté de fa folitude devant tant de millions
d'ames qu'il choque ; & le plus intrépide
finit par rappeller au fecours de fon autorité , la juftice & la raifon. Tout peuple
inftruit défirera un roi puiffant. Tout roi
intelligent défirera un peuple libre.

On ne fauroit donc trop le répéter, c'eft

le peuple , c'est le tiers-état qui donne la
grande puissance ; & c'est vers le peuple
que toutes les dispositions d'un roi sage &
bien conseillé doivent tendre. Il faut qu'il
ait une relation continuelle & directe avec
son peuple , qu'il l'appelle à lui indistincte-
ment , lorsqu'il peut le servir , comme les
nobles , en réservant seulement à ceux-ci,
comme nous l'avons toujours dit , de les
appeller de préférence. Un mêlange gracieux
entre la noblesse & le tiers-état, fait aimer
davantage la noblesse, satisfait & encourage
le peuple. Une inégalité absolue révolte le
tiers-état , indispose tout le peuple contre
l'autorité qui maintient cette inégalité, &
rend , je le répete , la noblesse odieuse.
L'inégalité trop marquée des rangs détruit
la liberté, elle amene la division, les que-
relles , les dissentions , & ce qu'il y a de
plus redouté des François , la solitude , la
tristesse & l'ennui. Malheur à ceux qui ont
besoin d'inférieurs !

Examinez tous les peuples , parcourez
toutes leurs annales , vous verrez que par-

tout où le gouvernement a tourné sa prin-
cipale attention du côté du peuple, on y a
vu le bonheur, la gloire, l'accroiſſement,
la célébrité, que par-tout où le gouvernement a été partial & favorable à quelque
ordre particulier, on n'y a vu que l'oppreſſion, la taciturnité, la dépopulation & la
miſere. Et en effet, le ſyſtême qui rapporte
tout au peuple étant le ſeul vrai, le ſeul
qui ait une baſe juſte, il n'eſt pas étonnant
qu'il ſoit conſtamment le ſeul qui ait d'heureux effets. C'eſt ce ſyſtême qui a rendu
les Gaules formidables ſous Clovis & ſous
ſes deſcendans; car il eſt bien conſtant que
les Francs & les Gaulois n'ont formé qu'un
ſeul peuple, ſans ſupériorité ni diſtinction,
& qu'il n'y a eu parmi nous que des officiers, & point de nobles, juſqu'à Charlemagne. C'eſt ce ſyſtême qui nous a rendus
ſi grands depuis Louis XI. C'eſt ce ſyſtême
qui a créé Florence, la Hollande, &
l'Angleterre dans ces derniers tems; & dans
l'antiquité, Rome, Athenes, Tyr, &
tant d'autres peuplades dont le ſouvenir

fait le plus bel ornement de l'histoire & des traditions.

De son côté, le peuple François doit toujours avoir présent que c'est la grande puissance de son roi qui maintient sa liberté, & pour me servir du terme national, ses franchises. Plus le roi sera grand, plus le peuple aura de ressources. Et il faut que le tiers-état se garantisse de prêter l'oreille à tous ces brouillons qui soufflent par-tout que le roi est devenu trop puissant, qu'il faut diminuer son autorité, retrancher son faste, réduire ses dépenses. Sans doute qu'il faut qu'il s'assujettisse à un ordre sévere, mais des réductions dans ce moment malheureux, ne feront qu'ajouter au désastre, interrompre la circulation, écraser les manufactures, énerver l'agriculture. Enfin, ce qui sera le triomphe des brouillons, arrêter l'impôt. C'est un très-grand malheur que d'avoir emprunté, lorsqu'il falloit imposer ; mais le mal est fait. Il faut que le tiers-état concoure dans les états-généraux & même s'il se peut sans les attendre, concoure à donner des preuves de son zele à un roi qui n'a jamais eu en vue que son bonheur. Quelques années d'efforts passées , l'État sera plus florissant que jamais , & sa régénération sera l'éternel désespoir de ses ennemis du dehors , & des méchans que sa foiblesse momentanée enhardit à le déchirer au-dedans.

Et qu'ils n'esperent pas , ces instigateurs de troubles , que la nation sera la dupe de leurs menées , & qu'ils changeront à leur gré la constitution du royaume dans les prochains états-généraux. Ils ont beau semer des livres où ils prétendent que la nation assemblée est au-dessus de tout. Ils seront enveloppés dans leurs propres pieges. Que le roi tienne des états-généraux , une cour pléniere , de grands jours , tout ce qui conviendra à sa sagesse pour régler l'impôt, soit de cinq en cinq ans , soit de dix en dix ans, l'assemblée fût-elle de cent mille vôtans , ce qui est impraticable , si on osoit y statuer quelque chose de contraire aux droits du roi , aux intérêts du peuple , aux loix

fondamentales du royaume , à ces loix
confenties par la nation entiere & confacrées
par le laps du tems , je vous déclare que
le roi eft le maître de tout caffer le lende-
main , & que tout ce qu'il ftatuera de contraire fera folide , fi le peuple , à l'afpect de
fa majefté , crie vive le roi. Parce que la
nation , comme on le dit fort bien , eft au-
deffus de tout ; parce que la nation n'a de
vrai repréfentans qu'elle-même & fon roi ;
parce que des états , des parlemens , des
cours plénieres , ne font que des formes ,
ne font que des commiffaires , ne font au-
tentiques que lorfqu'ils expriment en effet la
voix publique. Le roi eft le maître , & le
fouverain maître. Il l'eft , parce que la loi
l'a fait : il eft digne de l'être , parce qu'il
eft jufte & bon ; il n'y a qu'une chofe dans
laquelle fes fujets fauront borner fa puiffance , c'eft dans la faculté de l'affoiblir. On
ne le laiffera jamais maître de n'être pas le
maître. Le François en criant , vive le roi ,
fait une acte de liberté & de puiffance.

Il exifte dans la tête de quelques ma-

niaques, deux ou trois syftêmes de gouvernement, dont deux font bien diftincts &
bien affemblés : & l'on voit la chofe publique tirée tour-à-tour à l'un de ces fyftêmes, felon le parti qui domine : l'un eft
le fyftême Anglican, l'autre le fyftême Ultramontain.

Le fyftême Anglican tendroit à élever
plufieurs puiffances dans l'État, à compliquer
la machine du gouvernement, à mettre le
roi en tutelle. Je ne m'étend point fur ce
fyftême, parce qu'il eft trop vifible qu'il
nous affoibliroit, & que s'il réuffit en Angleterre, c'eft parce qu'elle a, par la mer,
qui l'environne, une fortification naturelle
contre les entreprifes du dehors, & une
liaifon naturelle pour les correfpondances du
dedans. Comme ce fyftême eft porté par
des gens de bonne foi qui veulent le faire
aller de pair avec la profpérité publique,
il ne fera jamais de grands progrès, étant
certain qu'ils l'abandonneront quand ils verront que cela y porte une véritable atteinte.

Le fyftême Ultramontain ne nous égare

pas par erreur , mais par un fystême d'intérêt étranger. Auffi eft-il plus méthodique
dans fa marche. Il tend à nous rendre
médiocres pour notre bien. En voici quelques détails. D'abord il veut reporter la
nobleffe vers les châteaux , en lui perfua-
dant qu'elle regagnera par-là en puiffance,
ce qu'elle perdra en illuftration , ce qui
feroit la réduire à-peu-près au néant. Il
veut diminuer le commerce, les manufactures , & par-là même la population des grandes
villes , parce que cela lie trop le peuple,
donne trop de valeur à l'opinion publique,
communique & épure trop les idées, fournit trop de facilités au roi pour la levée des
impôts & pour l'exécution de fes loix. Il
veut diminuer parmi le peuple les moyens
d'inftruction , élaguer ou abaiffer les univer-
fités , porter les écoles dans des campagnes
éloignées, fous prétexte de fanté , afin de
les ôter de deffous les yeux des peres de
famille & des magiftrats, réferver , s'il eft
poffible, l'inftruction pour les prêtres & pour
les nobles , dont les prêtres difpoferoient. Il
veut

veut h'avoir dans les villes que le clergé,
les officiers & quelques petites populaces pour
les métiers indifpenfables, maintenir le
peuple difperfé dans les campagnes, parce
qu'alors les prêtres difpofent plus facilement
de l'opinion publique. Il veut, fous prétexte
d'économie, que le roi banniffe le fafte de fa
cour & la dépenfe de fon fervice, pour
porter l'attention fur quelque autre cour,
diminuer d'autant la parure de la nation
Françoife & la montre de fes moyens. De
cette façon, tout feroit dans un bel ordre
au gré des partifans de ce fyftéme. Perfonne
ne pourroit remuer, ni le roi, ni la nobleffe,
ni le peuple. Et cela fe conçoit aifément :
on n'a garde de fe trémouffer, quand on
eft étique & languiffant ; mais on trouvera
qu'il vaut mieux fe bien porter & fe bien
régir. Le fyftéme ultramontain eft fi odieux,
qu'on eft tout étonné qu'il puiffe exifter, &
encore plus épouvanté de le voir marcher à
force vers fon but, au moindre nuage qui
s'élève entre le roi & la nation. Les écono-

mistes & là cabale philosophesque travaillent, sans le savoir, pour ce systême. Sa surveillance fait tourner insensiblement à son profit tout ce qui est trouble, innovation, erreur, incertitude & renversement. Ce systême, qui n'est porté que par des maniaques obscurs, se trouve quelquefois adopté, on ne sait comment, par des grands, par des hommes puissans. Les parlemens en ont été jusqu'à présent le plus terrible fléau. Ces corps étant les seuls qui ayent en France une existence continue, étant le foyer nécessaire des principes, des formes & de l'esprit national, ont été vigoureusement & à plusieurs reprises attaqués par ce systême, qui sent bien qu'il ne pourra jamais travailler ce royaume à souhait, tant qu'ils existeront. Mais par ces coups de la providence, dont ce royaume a tant de fois éprouvé les prodigieux effets, les efforts de ce systême ennemi, quelque habilement qu'ils soient dirigés, sont tôt ou tard confondus, les parlemens reprennent leurs prépondérance, & l'État se retrouve bientôt avec lui-même.

Pour fuivre un fyftême conftamment François, pour que notre gouvernement foit
dans toute fa valeur, pour que le peuple
jouiffe de toutes fes reffources, pour que nos
rois foient les plus grands rois du monde,
pour que nous en foyons la premiere nation,
il faut qu'il n'y ait aucun lieu dans l'univers,
aucun royaume, aucune république où le
droit des gens foit plus refpecté, où il y
ait plus d'égalité, plus de liberté, plus de
politeffe, plus d'induftrie, plus de richeffe,
plus de fcience, plus d'intelligence, plus
de gloire, plus de décoration. Il faut qu'on
ne puiffe trouver nulle part de plus beaux
ports, de plus fuperbes chemins, des villes
plus magnifiques, des campagnes mieux
cultivées, une cour plus brillante, des
princes plus généreux. S'il y a un pays
au monde vers lequel un François puiffe
tourner avec raifon un œil d'envie, notre adminiftration, dès ce moment, eft mal conçue
& oppreffive. La nature du fol, la fituation
du pays, le caractere des peuples, les fa-

cultés des individus, font de cette perfection
la mesure continuelle & nécessaire du gouvernement des François.

J'ai l'honneur d'être, &c.

CINQUIEME LETTRE

DE L'AUTEUR

DU MODE FRANÇOIS.

CINQUIEME LETTRE,

Dans laquelle on retrace, à sa maniere, les événemens politiques de l'année 1787.

———————

C E que vous ferez, je l'écrirai, répondoit courageusement je ne sais quel Lettré à un grand de la Chine, qui vouloit se porter à des actes contraires au bien public. Ce que l'on a tenté de faire dans le courant de cette mémorable année, je vais, Monsieur, vous en faire un récit fidele, que nous transmettrons à la postérité, pour qu'elle fasse, avec connoissance de cause, justice des hommes & des actions. Car tout ce qui s'est dit

A ij

publiquement fur nos événemens politiques
eft fi contraire au fond des chofes , que jamais nos neveux n'y pourroient démêler la
vérité , fi quelque témoin impartial ne leur
met pas entre les mains un fil fecourable
qui puiffe les guider dans ce labyrinthe d'intrigues & d'erreurs.

La France jouiffoit en paix du gouvernement populaire & équitable , préparé par
Suger , fondé par Louis XI , déterminé par
Louis XII , embelli par François premier ,
affermi par Henri IV, achevé par Louis XIII,
illuftré par Louis XIV , confervé par
Louis XV , & qui avoit foutenu les premieres années de Louis XVI. Tous les ordres
de l'État étoient à leur place : le commerce
profpéroit : l'agriculture floriffoit : les arts
étoient cultivés : nos villes s'embelliffoient :
notre population étoit à un très-haut point :
des ports qui fe formoient ouvroient de
nouvelles voies à notre commerce , & ajou-
toient à notre puiffance. Nous nous voyions
les arbitres du monde par les traités qui
venoient de fe conclure. Cet amour antique

pour nos rois & pour notre maison royale,
cimentoit plus que jamais notre union inté-
rieure. Une seule partie de l'ordre public, la
finance, étoit soupçonnée d'un léger dérange-
ment par les tours de force de deux ministres
qui avoient voulu montrer du génie. Mais
l'un étoit éloigné pour jamais des affaires;
l'autre étoit prêt à en être expulsé par la
force des choses : & tout pouvoit encore
être réparé sans éclat. Tout-à-coup on a fait
retentir aux quatre coins du royaume qu'on
étoit dans la situation la plus critique. On a
appellé de par-tout des témoins de l'embarras public. On a indisposé tous les corps
par la composition extraordinaire d'un conseil en tout point incompétent. On n'a fixé
les regards que sur des abus : on n'a fait
développer que des plaintes : on n'a laissé
prévoir que des maux. On a fait aller tout-
à-coup les peuples de l'extrémité de la pa-
tience, de la confiance & de la soumission,
à l'autre extrémité, celle de l'inquiétude,
de la résistance & de l'insurrection. L'amour
de la nation pour son roi n'a produit qu'une

haine plus profonde contre ſes miniſtres. Les
parlemens bleſſés à juſte titre de voir mé-
connoître la fidélité & l'utilité de leurs ſervices , ont appellé à leur aide les étars-
généraux. Les brouillons , cette boue qui
revient ſur l'eau dans les orages , ont appuyé
cette demande dans l'eſpoir de renverſer la
conſtitution. Et à ce coup, il faut convenir
que la France auroit péri , ſi la France
pouvoit périr.

Ce déſordre n'a-t-il pas été amené par
quelque autre cauſe ſecrette & plus éloignée?
Comment ſous un prince juſte, bienfaiſant
& qui ne reſpire que la proſpérité publique,
eſt-on arrivé ſi vîte à ce point de dérange-
ment , que pour tout rétablir, il ſoit néceſſaire que toutes les puiſſances de l'État
s'ébranlent ? Ce trouble eſt arrivé, par ce
qui ſembloit devoir le prévenir , par un
choix malheureux que toutes les apparences
promettoient excellent , par le choix du
miniſtre que le roi a pris pour l'aider à
gouverner lorſqu'il eſt monté ſur le trône.
Un âge très-avancé, une réputation d'homme

d'efprit, un long exil fupporté avec courage, fembloient devoir garantir la fageffe de M. de Maurepas. Mais, vous ne le favez que trop, perfonne ne s'eft montré plus léger, plus étroit, plus infouciant. Il a femblé, tant qu'il a tenu les rênes de l'État, prendre à tâche de fe jouer de toutes les bienféances, de toutes les vérités, de toutes les conventions. Lui repréfentoit-on qu'un homme étoit trop fot, trop ignorant pour remplir telle ou telle place ? Eh ! répondoit-il, qui eft-ce qui n'eft pas fot, qui eft-ce qui n'eft pas ignorant ? Celui-ci, ajoutoit-il, ira avec les autres. Comme s'il étoit indifférent d'ajouter encore au fléau de l'ignorance qu'il reconnoiffoit exifter parmi les gens en place. Lui demandoit-on ce qui alloit arriver de quelque grand changement ? Tout le monde fera mécontent, répondoit-il, & tout ira bien. Comme fi le mécontentement général pouvoit s'allier avec le bien. Lui objectoit-on l'utilité de quelqu'un qu'il vouloit facrifier ? Il difoit que s'il étoit mort, il faudroit bien favoir fe paffer de lui. Raisonnement affreux , avec lequel on eût pu éloigner Turenne & Colbert, avec lequel on peut rendre inutiles à la patrie les services les plus essentiels , avec lequel on ajoute aux pertes nécessaires de la nature les coups bien plus diligens de l'envie & de la malignité. C'est ainsi que M. de Maurepas, d'autant plus dangereux , qu'il sembloit mieux résoudre les difficultés par des réponses plaisantes , a rempli toutes les places de sujets qui n'y étoient point propres , tous ennemis implacables du mérite , lesquels en ont amené d'autres , & en ont si bien environné la cour , si bien bourré le gouvernement , que le roi malgré trente changemens de ministre, n'a pas encore pu parvenir à remettre de l'ensemble & de l'équilibre dans son conseil,

M. de Saint-Germain, l'un de ces ministres , sous prétexte de bien public, a tout bouleversé dans le département de la guerre : tandis qu'un autre s'est signalé par mille changemens désavantageux dans la marine. M. Turgot , avec un caractere élevé , a

trouvé le fecret de ne faire que des maux
dans la finance. La perverfité de fes fous-
ordres, l'efprit de fyftême auquel il s'eft
aveuglément livré, ont tourné au plus grand
défavantage du public, une vertu fans tache
& le courage le plus héroïque. M. Necker
fembloit devoir raffurer par l'efprit de conduite qu'il apportoit dans l'adminiftration;
mais ce perfonnage préfomptueux, élevé de
l'obfcurité à une éclatante fortune par des
calculs heureux, preffé d'une foif épouvan-
table de célébrité, ne s'eft occupé qu'à
mettre par-tout fa perfonne à la place des
chofes & à écrafer dans l'opinion tout ce
qu'il atteignoit, pour s'y placer lui-même
plus avantageufement.

D'abord les foins de ce fuperbe parvenu
fe font portés à établir un ordre impofant,
en ne procédant pas à la moindre amélioration fans faire fonner la trompette devant
lui. Tout ce qui pouvoit occafionner de
l'éclat, faire répéter fon nom, fixer fur lui
feul l'attention, étoit l'objet de fes recher-
ches. Dès qu'il s'eft vu un bon fonds de

réputation miniſtérielle , il a cru pouvoir
tout oſer , & n'a pas craint d'aggrandir ſon
exiſtence morale aux dépens de celle de
l'autorité même : tout enveloppé du voile
du bien public , il a riſqué ce coup déciſif
avec une trop perfide habileté. L'effet a été
produit , & l'artifice dans le moment a
échappé à tous les yeux.

Il exiſtoit dans la compoſition de la maiſon civile du roi un fort grand nombre de
charges qui avoient été créées pour attacher
au trône des gens de toutes les conditions.
La moindre fonction avoit ſervi de prétexte
à un office. Les ſervices les plus bas avoient
des noms qui leur étoient analogues: & il
n'y avoit aucun de ces offices qui ne fût
rempli, parce qu'on y avoit attaché quelque
foible gage & quelque médiocre privilege.
M. Necker imagina de ſupprimer d'un coup,
quatre cens de ces charges , & de faire
courir dans toute la France l'édit qui les
ſupprimoit avec une liſte de tous ces ſer-
vans, où l'on voyoit des hâteurs, des maîtres
gueux, des galopins en titre d'office. Cet

expédient livra au ridicule, d'un bout de la France à l'autre, le service du roi, mit le peuple dans la disposition de ne voir dans la cour de son prince qu'un foyer d'abus que la main secourable d'un homme vertueux venoit élaguer. Et le respect qui diminuoit pour l'autorité, tournoit insensiblement au profit de celui qui l'ébranloit. Voilà le premier coup qui a été porté au moral de l'autorité: coup terrible quoiqu'indirect, & qui a été suivi de plusieurs autres. Car on a eu soin dans toutes les loix subséquentes de blâmer tout ce qui étoit auparavant l'objet d'une silencieuse vénération, & d'encourager, pour ainsi dire, les peuples à se dispenser d'égards envers un gouvernement qui sembloit n'en avoir plus aucun pour lui-même. Enfin le compte rendu de 1781 a achevé ce que les suppressions avoient commencé. On n'a vu dès ce moment se développer par-tout que des idées républicaines & anti-monarchiques. Et cette pièce jettée par cet administrateur au moment de

ſon départ, a été la boîte de Pandore d'où
ſont ſortis tous nos malheurs.

D'autres maux intérieurs déſoloient l'adminiſtration. Tous ces intrigans que d'autres
intrigans avoient amenés, ſe cachoient à
tous les yeux, dans la crainte d'être démaſ-
qués. Les malheureux ſe conſumoient en
follicitations & périſſoient aux portes des
gens en place ſans pouvoir jamais en fran-
chir le ſeuil. Les cliens ne pouvoient point
être entendus. Des affaires majeures avoient
pris tous les momens. Il falloit long-tems
par des placets ſolliciter un rendez-vous,
où l'on vous expulſoit enfin irrévocable-
ment, ſans pudeur comme ſans témoins.
Un fameux Romain, à la fin d'une longue
vie toute conſacrée au ſervice de la république, s'applaudiſſoit de n'avoir jamais été
empêché pour recevoir quiconque avoit eu
affaire à lui. Nos intrigans s'applaudiſſoient
de ſe rendre inviſibles, & d'abonder en prétextes pour faire morfondre les ſolliciteurs.
Delà aucun rapprochement, aucune déci-

fion analogue aux hommes & aux chofes:
des écritures fans fin , & une multiplicité
de bureaux , où le travail le plus funefte
étoit autant celui qu'on cherchoit à faire,
que celui qu'on cherchoit à éviter.

Un de nos grands hommes d'État , Richelieu , vouloit voir tous ceux fur lefquels
il portoit quelque décifion un peu importante , & il faifoit enforte d'appercevoir dans
des lieux tiers ceux qu'on ne pouvoit pas
lui préfenter directement. Il eft certain que
la vue des hommes aide infiniment dans le
jugement qu'on doit faire de leurs réclama-
tions. La juftice ne doit voir que les faits ,
& être aveugle fur tout le refte ; mais la
politique doit tout voir , tout fcruter , tout
embraffer. Nos adminiftrateurs , qui n'étoient
pas des Richelieu , ne voyoient plus perfonne pour les affaires de l'État : ils n'étoient
vifibles que pour ceux qui étoient dans le
cercle de leurs intrigues. Cela alloit au point
que les miniftres ne connoiffoient pas leurs
coöpérateurs du fecond & du troifieme ordre.
Je n'ai , moi, jamais vu que dans les rues

les ministres sous lesquels j'ai servi. Que pouvez-vous penser de généraux qui ne font pas la revue de leurs soldats , de mécaniciens qui ne connoissent pas leurs instrumens, d'administrateurs qui négligent de réchauffer par leurs regards le zele , l'intelligence , la probité de leurs sous-ordres dans le service du roi?

Une autre coutume affreuse qui régnoit depuis long-tems dans l'administration, mais qu'on n'avoit jamais poussée aussi loin que dans ces derniers tems , étoit celle de renvoyer à chaque administrateur les plaintes qu'on faisoit de lui , ou les mémoires qui tendoient à éclairer ses erreurs. On peut facilement imaginer un usage plus juste & plus éclairé , mais non point un plus favorable à la tyrannie. Nulle plainte , nul éclaircissement ne pouvoit arriver dans l'administration , que l'auteur n'en fût mis à la merci de ceux dont il tendoit à redresser la conduite. Tous ces petits tyrans se soulevoient aussitôt les uns en faveur des autres , pour se maintenir juges & parties , & pour ôter au public le moyen de l'appel. J'ai auffi été pris à ce piege du patriotifme. J'ai une fois dans ma vie fait une inftruction fur quelques objets importans. J'ai duement écrit de ma main, figné & daté mon mémoire. Il a été renvoyé à l'adminiftrateur qui commettoit les fautes. Il a promptement tout corrigé. A préfent il me perdra, s'il le peut. Auffi je me fuis bien promis de ne plus rien dire qu'au public.

Tandis que tous ces maux & d'autres auffi graves défoloient l'intérieur de l'adminiftration, le public fe livroit à des travers qui annonçoient une extraordinaire diftenfion dans l'intelligence nationale. Il s'engouoit pour des riens, même pour des chofes méprifables & odieufes. Une comédie fans ftyle, fans convenances, fans caractere, où Thalie étoit proftituée, avoit été pendant cent repréfentations l'objet de fes applaudiffemens. Des lourdeurs politiques, où le charlatanifme le plus groffier perçoit de tous côtés, avoient été regardées comme des ouvrages de génie, des productions du plus haut patriotifme.

Un nouveau genre de plaisanterie, appellé myſtification, empoiſonnoit par - tout les ſociétés. Enfin, le mépris du ſexe mettoit le comble à la commune dépravation; mais ces deux derniers trayers méritent d'être plus développés.

La myſtification eſt ce genre de goguenarderie nouveau qui conſiſte à déconcerter l'amour-propre ou la ſimplicité, par des fourberies étudiées. Ce n'eſt point ce trait ſpirituel & malin qui part d'abondance &, pour ainſi dire, malgré ſoi, quand la raiſon eſt irritée : c'eſt un arrangement controuvé & médité de longue main pour faire tomber un ſot dans un piege où l'on puiſſe à ſouhait le noyer de ridicule. Paliſſot, littérateur excellent, mais poëte ſans chaleur & ſans gaieté, eſt l'inventeur de la myſtification. Il s'eſt ſignalé dans cette maniere lâche & noire de perſécuter la ſottiſe. Il a été très-malheureuſement imité : & cette inſultante diſpoſition, qui annonce l'abſence de toute délicateſſe & de toute eſpece de bonté, eſt une des choſes qui nous a le plus éloignés de

notre

notre caractere & de nos habitudes obli-
geantes , qui a le plus contribué à nos égaremens.

Mais le mépris & l'inattention pour le
sexe nous a bien plus éloignés encore de
nous-mêmes & de nos mœurs. En cherchant
à bannir les femmes des conversations, en
diminuant les devoirs civils qu'on est tenu
de leur rendre, en paroissant devant elles
avec moins de ménagement & de respect,
nous sommes devenus durs, coleres, indis-
ciplinables : & mécontens sans savoir de
quoi, nous n'avons fait germer que le trouble
dans ces conciliabules anglicans qui se sont ouverts de tous côtés. Les mœurs des femmes,
par une conséquence nécessaire, ont aussi
dégénéré. Les atours tant vantés de nos
dames ont été changés en des parures de
courtisanes : & les manieres si décentes de
nos femmes de qualité en une allure sol-
datesque & déterminée, qui les embarasse
autant qu'elle nous confond. Ah ! rappellons
nous au plus vîte que le sol que nous habi-
tons a, de tems immémorial, porté des

B

femmes souveraines, à qui les peuples ont
dû les mœurs douces qui les ont rendus
heureux, & que les tems de nos infortunes
ont toujours été ceux où elles ont été moins
honorées. Les dames Françoises ont autant
entretenu la paix dans l'intérieur de l'État
qu'elles nous ont fait déployer de courage
à l'extérieur. C'est à nos femmes que nous
devons les prodiges d'intelligence & de
vertu qui nous ont illustrés. Il y a plus :
c'est elles qui consolident chez nous la monarchie & qui contribuent à nous faire autant aimer nos rois. Nos femmes ont au
suprême degré l'amour des choses élevées ;
& l'idée d'avoir à la tête de la nation le
plus grand roi du monde les intéresse
invinciblement. Aussi ceux qui instruisent
nos rois ont-ils soin de les nourrir dans
l'habitude de la considération pour le sexe.
Nos princes ne rencontrent point sur leur
passage une femme parée, sans lui témoigner
une attention pleine d'égards : & cette politesse est chez nous une des bienséances de
la royauté. Nos mœurs en ce point sont si

impérieufes, qu'il faut que toutes les puiſſances chez nous reconnoiſſent cette première des puiſſances. Auſſi les brouillons ont-ils cherché d'abord à ébranler l'empire des femmes, pour arriver à celui du ſouverain. Mais comment ont-ils pu eſpérer de réduire nos femmes à la quenouille ? Comment ont-ils pu croire que ce négociant, qui vient de diſtribuer des reſſources à des milliers de pauvres, pourra être ſoutenu dans ſon déſintéreſſement par la compagnie d'une honnête ſervante ? Cet avocat qui rentre chez lui après avoir défendu la veuve & l'orphelin, s'y trouvera-t-il récompenſé par le ſuffrage d'une honnête ſervante ? Sera-ce une honnête ſervante, qui honorera le retour de ce magiſtrat qui vient de ſe faire des ennemis au palais, pour le maintien de la juſtice & de l'ordre public ? L'eſtime d'une ſervante pourra-t-elle encourager ce militaire à rapporter au logis ſon honneur avec plus de ſoin que ſes bras & ſa tête ? Non : ce travers barbare ne ſauroit durer. Plus l'homme a de vertu, plus il aime à la déployer aux yeux d'une femme respectée. Le plus grand homme ne jouit jamais mieux de ses lauriers, que quand il les met aux pieds d'une femme qu'il chérit. Le guerrier voit dans sa mere, dans sa sœur, dans sa femme, dans sa maîtresse, sa patrie & ses premiers souverains. La mémoire de madame du Guesclin vaincra l'oubli, comme celle de Cornélie. Il faut des dames aux François; il leur faut des citoyennes.

Les affaires, les esprits & les mœurs étoient dans ce désordre, lorsque le 20 décembre 1786, on annonça pour le commencement de l'année une assemblée de notables qui devoit, disoit-on, sans entrer dans de plus grands détails, s'occuper du bien public.

Le ministre qui avoit donné ce projet, étoit un de ces hommes à idées vastes, mais qui pour porter trop loin leurs vues, n'apperçoivent point les dangers qui sont tout près d'eux. M. de Calonne avec un cœur noble, des intentions droites, & la conscience du bien qu'il vouloit faire, s'oc-

cupoit trop peu du choix des moyens, s'en-
touroit trop mal, & avoit trop de confiance
dans ses ressources & dans sa dextérité. Il
nourrissoit contre les parlemens une haine
inconstitutionnelle. Il avoit eu autrefois avec
ces compagnies un tort qu'il n'y avoit qu'une
conduite pleine de gravité qui eût pû réparer ; & il étoit loin de s'être donné cet
avantage. L'assemblée de notables qu'il pro-
posa, parut évidemment un moyen qu'il
embrassoit pour éviter la sévérité des parlemens. Dès ce moment toute la France fut
indisposée contre cette assemblée, & il n'y
eut que le ministre qui l'avoit conçue qui
en eut bonne opinion.

On alla chercher dans l'histoire les assemblées de notables, & on vit qu'elles
avoient toutes mal réussi. Henri IV qui
en avoit convoqué une, s'étoit vu obligé
d'y changer ses propositions, & de la rompre enfin. Sous Louis XIII mêmes pour-
parlers inutiles, même incertitude de principes dans celle qu'on hasarda. Tout cela
n'étoit point de bon augure. Quelques

circonſtances ayant retardé l'ouverture de cette aſſemblée, on crut que la cour alloit s'en dégoûter. Au grand étonnement de tout le monde on perſiſta, & tout le monde perſiſta à la voir de mauvais œil.

Le miniſtre n'avoit fait aucun manifeſte, aucun reſcrit, pour annoncer cette aſſemblée. On s'étoit contenté d'envoyer des lettres d'ordre à ceux qui devoient la compoſer, & l'on n'avoit informé le peuple de ſa tenue que par une courte notice inſérée dans les papiers publics, ſans ſignature, & ſans indication de qui elle émanoit. Il y étoit dit que le peuple devoit la voir avec enthouſiaſme, & l'enthouſiaſme ne venoit point. On y annonçoit que le but en étoit le ſoulagement des peuples, & l'on ſavoit que le but principal en étoit une grande augmentation d'impôts. Tout cela chagrinoit & inquiétoit. On eût préféré l'annonce d'un mal certain à de pareilles eſpérances. Le mécontentement alloit toujours croiſſant : le miniſtre ne voyoit toujours rien que ſes projets.

Le hafard m'avoit fait rencontrer dans le monde le poëte Lebrun (1). Quoique je n'approuvaffe point tout dans ce perfonnage, j'y avois apperçu le feu du génie & un de ces talens qui paffent la ligne commune. Je l'avois vu perfécuté & tourmenté par ces atrocités qui coûtent fi peu aux méchans, & qui perdent fouvent fans reffource des hommes précieux. Perfuadé qu'il pouvoit un jour faire honneur à la France, je l'avois fortifié, foutenu de mes éloges & de tous mes encouragemens dans le tems de fes difgraces, & il m'avoit toujours montré de l'attachement. Un jour je le vois arriver. Après un moment de filence, il tire un papier tout écrit de la main de M. de Calonne fur les évenemens préfens. Cette piece étoit bien le délire le plus

(1). Ce n'eft point pour prendre un air de traiter quelqu'un légerement que je fupprime ici le mot de Monfieur, mais pour diftinguer celui dont je parle de plufieurs autres gens de lettres qui portent le même nom, & qui ne pourroient point fe paffer du titre de Monfieur.

B iv

complet de l'esprit & de la vertu. L'intention du ministre avoit été d'obtenir du poëte une piece sur ce ton qui fixât les idées du peuple; mais comme les pieces de poësies ne se commandent point, le poëte n'avoit pu faire pour l'acquit de l'amitié qui le lioit au ministre, qu'une piece incertaine qui lui avoit fort coûté, & qui faute de base devoit visiblement rester sans effet. Il me la lut. J'y vis des idées brillantes, mais qui ne portoient point. On y trouvoit à propos des subsides : *Le fleuve coule encor, mais la source est tarie.* Et il étoit sensible que le fleuve ne couloit plus, & que la source n'étoit ni tarie, ni tarissable. Enfin on imprime cette piece avec luxe: on la distribue : & l'opinion publique se roidit encore davantage contre les opérations du ministere.

Cependant on examinoit ces députés. On les calculoit : on les mesuroit : le peuple n'y voyoit personne pour lui. L'ordre des avocats n'y avoit point de notables : les universités, aucun : les grands manufactu-

riers, aucun : les armateurs, aucun. Des
villes qui à peine passeroient pour des bourgs
y avoient cinq députés : la Ville de Lyon
n'y en avoit qu'un. Tout dans cette composition étoit marqué au coin de l'aveuglement & de l'imprudence du Ministre
qui l'avoit conseillée. Comment, avec tant
d'esprit, peut-on ne pas sentir qu'on est in-
failliblement entraîné par les oppositions se-
condaires, quand on néglige à ce point
les détails.

Dans les sociétés on échauffoit l'esprit
de ceux qui étoient désignés notables : &
on se montroit par-tout préparé à imputer
à foiblesse condamnable toutes les facilités
qu'ils auroient pu donner au ministere. C'est
dans ces dispositions que tout se trouvoit,
lorsqu'on ouvrit l'assemblée à Versailles dans
une salle de l'hôtel des menus-plaisirs.

M. de Calonne avoit négligé de proposer
au Roi une étiquette d'honneur pour la
tenue de cette assemblée. On s'étoit reglé
sur les dernieres rubriques de Louis XIII
presque en minorité, & de Henri IV dans

l'embarras des guerres civiles. On se borna
à présenter ces notables au Roi qui les
installa dans leur travail par une séance de
demi-cérémonie. Cependant le ministre
devoit aisément voir que cet accueil n'étoit
pas en mesure avec l'importance de la chose.
On sait que quand nos rois reçoivent le
peuple ou ses commissaires, ils se tiennent
dans l'appareil qui développe toute la grandeur & toute la sainteté de leur caractere.
Les simples députés des provinces d'État
ont une réception honorifique. Le maître des
cérémonies leur fait les honneurs du palais
& des jardins. On eût vu avec sensibilité
le roi recevoir les notables sur son trône,
passer une journée en sinanze, la reine tenir un sallon de gala avec ses augustes enfans, & pendant quelques jours de grands
spectacles donnés, de superbes jeux exécu-
tés, des vins d'honneur offerts, quelques
festins ordonnés, enfin tout ce qui pouvoit
rappeller non sans grace nos antiques communications, nos rapprochemens Francs &
Gaulois, nos santés & nos serremens de

mains, qui domptent au fond des cœurs les mécontentemens, & qui ont si souvent ramené la concorde dans l'État comme dans les familles; quelque peu de ces façons nationales eût cassé toutes les idées d'opposition dans lesquelles le peuple & les notables se renforçoient. Mais le ministre voyoit tout dans la bonté de ses projets; l'assemblée des notables ainsi que les assemblées provinciales lui paroissoient pouvoir s'employer comme moyens d'expédiens; & il s'y livroit sans précaution & sans avoir où se replier : à peu près comme un général qui, pour ouvrir la campagne, eût ordonné de grand matin une bataille générale en terrein désavantageux, en ayant soin de se mettre au premier rang avec sûreté d'avoir le premier coup. Celui-ci l'a obtenu.

L'assemblée s'ouvre : le roi y parle avec la bonté, la franchise, la vertu qui le caractérisent. Le contrôleur général explique ensuite ses projets avec une grace & une confiance dignes d'une meilleure fortune.

Les bureaux se forment. On examine les propositions du ministre. On voit qu'en comblant le déficit, il propose de soulager le peuple, & de mettre toutes les augmentations à la charge de la noblesse & du clergé. Mais une imprudence majeure perce au travers de ces belles dispositions : c'est l'établissement d'une capitation roturiere sur les habitans des grandes villes. La noblesse & le clergé sont trop heureux de trouver le moyen de s'acquitter envers le tiers-état, en rejettant cette imposition faite pour le blesser : & à la faveur de ce procédé, ils entreprennent de rejetter tout ce qui pouvoit êtı à leur charge.

C'est ici que le ministre voulut appeller l'opinion publique à son secours par un mémoire imprimé. Les notables y répondirent par un arrêté formidable qu'ils demanderent qu'on imprimât, & qu'on publiât également. Le gouvernement prit le sage parti de supprimer les deux pieces.

Qui pourroit exprimer les difficultés sans nombre, les subtilités multipliées, les de-

mandes extraordinaires, les étranges allé-
gations, qu'opposoient tous ces notables aux
projets du ministre ? Il fit la plus superbe
résistance. Comme on vit qu'en l'attaquant
sur ses projets on ne faisoit que lui faire
déployer sa force & leur justice, on chan-
gea de batterie. On le prit au personnel.
On l'attaqua sur son ministere passé qui
n'avoit été qu'un tissu de généreuses impru-
dences, qui, sans qu'il y eût la moindre pré-
varication, prêtoit le flanc de tous côtés
aux reproches. On vit pleuvoir des mémoires qui l'inculpoient de mille manieres.
On le rechercha sur un échange de do-
maines; comme si depuis qu'on fait des
échanges avec le roi, ils n'étoient pas tous
des objets de grace & de faveur. De son
côté le contrôleur général perdit la tête.
Il voulut s'en prendre aux autres ministres
des difficultés qu'il éprouvoit. Il obtint la
révocation du garde des sceaux, homme
doux qui blâmoit ses expédiens sans s'y
opposer. Il voulut aller plus avant. Il suc-
comba enfin, & fut renvoyé.

Telle a été la fin de ce ministre, aussi
bienveillant que téméraire, qui avoit toujours procédé avec de bonnes vues & de
mauvaises formes, qui avoit plu au roi,
parce qu'il avoit su intéresser ce prince par
l'espoir de remplir tous ses engagemens,
de faire beaucoup d'établissemens avantageux au peuple, de ranimer le commerce,
l'agriculture & les arts, enfin d'établir de
plus en plus une honnête égalité, capable
de réparer tous les maux que la surcharge
des impôts eût pu faire. Ce qui l'a perdu
est visiblement son trop de confiance dans
son intelligence & dans ses expédiens. Et
je remarque que les expédiens qui font
réussir les petites affaires, tuent presque
toujours les grandes. Il faut, pour venir à
bout de celles-ci, avoir des bases justes,
& procéder avec beaucoup de franchise,
de vérité & de gravité.

Je ne vous parle qu'en passant d'un léger
incident qui voulut détourner un moment
l'attention. Il apparut au milieu de toute
cette dissension une brochure qui prétendit

percer. M. Necker, cet ancien adminiſtra-
teur, qui avoit été un des grands fondateurs du déficit, avoit auſſi fondé une ſecte.
Cette ſecte avoit pour article de foi la vérité du compte qu'il avoit rendu en 1781. Il
falloit croire à ce compte pour n'être point
aux priſes avec cette ſecte : & M. Necker
étoit bien aiſe qu'on pût croire à ce compte.
Il apprit que M. de Calonne avoit établi
devant les notables des propoſitions contraires. Il fit une petite brochure pour
ſe juſtifier, & pour demander d'intervenir.
Il parut biſarre qu'il interrompît de ſi grands
intérêts pour défendre l'honneur de ſes
calculs. Cette indiſcrétion nouvelle déplut
au gouvernement. Il fut relégué en province, & le public l'oublia après quelques
brouhaha.

Je n'approfondis point par quelle cauſe
ſecrette M. de Calonne, qui n'a rien fait au
bas peuple, eſt aſſailli par le bas peuple à
ſon paſſage à Verdun : comment il eſt dénoncé au parlement : comment on parvient
à le faire priver de ſes honneurs : comment

on le force à manquer au pays même, en
cherchant un afile dans l'étranger : comment
on l'accufe d'avoir pendant quatre ans de mi-
niftere dilapidé trois milliards ; comment, au
défaut de traces du paffage de cette énorme
fomme, on fuppofe qu'il a eu la ftupidité de
la donner à quelque prince étranger : comment on fuppofe qu'un prince étranger a eu la
baffeffe de la recevoir, fans recevoir enfuite
fon bienfaiteur à bras ouverts. Je fuis témoin
& témoin intime de l'adminiftration de M. de
Calonne. Je n'en ai reçu aucun bienfait. J'ai
à me plaindre fenfiblement de fon indécente
inattention ; mais ce mécontentement ne fauroit influer fur l'idée que je dois en donner.
Je ne lui connois aucune faute ni contre le
roi , ni contre le peuple , ni contre l'honneur :
& je ne trouve rien à blâmer en lui que la
plus inconcevable imprudence. Mais il a
attaqué de certains privileges, & il n'étoit
pas en regle. *Tantæne animis cœleftibus iræ!*

Cependant la place de garde des fceaux
eft donnée à M. de Lamoignon. La probité , le patriotifme, les lumieres & l'amour
du

du travail héréditaires dans sa maison, donnent au public les plus grandes espérances. La place de chef du conseil des finances est donnée à M. de Brienne, prélat qui jouissoit dans le monde de la réputation d'un homme d'état. Le choix de ces deux personnages suspend pendant quelque tems les menées. Le public s'attendoit même à voir tout rentrer dans l'ordre accoutumé. On croyoit que l'assemblée seroit rompue, après la retraite du ministre qui y avoit donné lieu. Le conseil prit le parti de la suivre. Elle n'en devînt pas plus conciliante.

Je ne vous raconte point comment tout devint confus & impolitique dans cette assemblée, comment la loi qui y permit l'exportation des bleds, y fut regardée comme une loi de faveur qui pouvoit enrichir des propriétaires de tetre en France. Je ne vous dis point comment & combien de fois on demanda où en étoient les retranchemens de la cour. Jamais le peuple Romain n'a parlé au sénat avec cette véhémence. Les arrêtés des notables couroient

C

tous les cercles : & les efprits s'échauffoient toujours davantage. Rien ne put fe finir: & on n'arrêta dans cette affemblée rien autre chofe que ce qui étoit au détriment de l'autorité du roi & des franchifes du peuple ; c'eft-à-dire, la compofition d'ad-miniftrations provinciales ariftocratiques. Le roi fit hâter les derniers travaux de cette affemblée, & la termina à la grande fa-tisfaction des bons citoyens, que toute cette agitation inquiétoit, & qui voyoient avec effroi qu'on ébranloit ainfi la conftitution jufques dans fes fondemens.

Le déficit n'ayant point été amoindri par toutes les difficultés qui s'étoient faites, M. de Brienne fit un emprunt pour obvier aux dépenfes les plus inftantes. Le parle-ment ne s'y refufa point. De chef du confeil des finances M. de Brienne étant devenu miniftre principal, voulut améliorer le fonds des affaires, & on porta à la vérification du parlement deux loix, l'une qui établif-foit une fubvention territoriale à raifon du dixieme : l'autre qui établiffoit un impôt indirect de timbre fur tous les contrats du genre fimple, qui circulent dans le commerce. Ces deux impofitions épouvanterent toute la France. Les difficultés des notatables n'avoient que trop difpofé les efprits à la réfiftance.

Il eft difficile de décrire des chofes, dont on défireroit plutôt anéantir la mémoire. Mais vous favez que l'oppofition a été générale. Quoique le dixieme demandé ne fût en effet que les deux vingtiemes déjà établis, on a trouvé que ce dixieme à perpétuité, cumulé avec tous les impôts indirects, feroit une charge infupportable. Et l'impôt du timbre a paru mettre des entraves dangereufes au commerce. Le parlement a fait des remontrances : on l'a voulu contraindre : il a refifté : le peuple s'eft ameuté : le parlement a été transféré à Troyes, & la confternation a été générale.

Il y avoit dans tout cela un très-grand malheur : c'eft que l'on péchoit dans les formes autant que dans le fond. Le miniſtre principal , accablé , dans le commencement de ſon adminiſtration , des détails dont il falloit qu'il s'occupât , avoit pris de fort mauvaiſes plumes pour rédiger ces loix. Des phraſes obſcures & barbares en déroboient par-tout le ſens. On y faiſoit de faux calculs : on y développoit des ſentimens déſagréables. On y établiſſoit entr'autres que les produits du territoire ne s'élevoient qu'à huit cens millions : ce qui mis en oppoſition avec cinq cens millions qu'il étoit notoire que le roi tiroit à lui ſeul de ſes peuples , rendoit toute augmentation plus inadmiſſible. Heureuſement il étoit connu que les produits du territoire vont à plus du double , que les produits du commerce & des échanges ſur ce fond , le triplent , le quadruplent , & finiſſent par être incalculables ſous une adminiſtration intelligente. Entre autres ſentimens déſagréables on y voyoit l'eſpionnage parmi les citoyens , établi comme un moyen d'amélioration de l'impôt : c'eſt-à-dire , ce qu'il y a de plus contraire au caractere

national, qui porte à défirer l'avantage de
fon voifin autant que le fien. La loi du
timbre étoit également hériffée d'articles
comminatoires qui révoltoient : elle étoit
d'ailleurs purement burfale & fans aucun
prétexte de police. Tous les tribunaux fupérieurs fe virent dans une forte de néceffité de réfifter à l'enregiftrement. Les
infurrections renaiffoient à la moindre idée
qu'on pût les admettre.

C'eft un rôle bien embarraffant à jouer
que celui d'un magiftrat de cour fupérieure,
dans l'enregiftrement des loix qui déplai-
fent au peuple. Il faut qu'il réfifte à l'autorité pour le bien même de l'autorité. Le
peuple eft là pour le déshonorer, s'il ne
le fait point; & il faut qu'il encoure la
difgrace du roi pour le fervice du roi même! Son vœu eft fans doute d'obéir, &
il ne fauroit réfifter par fantaifie; car dans
ce cas fa peine feroit double, il feroit
difgracié par le roi & déshonoré par le
peuple. Le parlement de Paris avoit le
tems de méditer fur cette fituation à

C iij

Troyes où il étoit retenu , & où il con-
tinuoit de protefter en qualité de confeil
populaire , contre l'octroi des nouvelles impofitions; il juftifioit fes refus par la demande des états-généraux , & il affuroit
que la nation affemblée avoit feule le droit
de confentir une auffi forte & auffi longue
aliénation de fes propriétés.

Cette propofition, qui n'étoit point une
nouveauté , en a paru une des plus extraordinaires. On eft revenu fur le paffé, &
l'on a dit : mais fi le parlement n'a pas
le droit de confentir les impôts , tout ce
qui en a été exigé jufqu'à préfent étoit
donc illégal. Non : parce que tout ce qui
avoit été enregiftré jufques-là avoit été en
effet confenti tacitement par la nation ; au
lieu que la réclamation a été générale contre
ceux-ci , attendu leur perpétuité & leur
mefure, & que s'ils n'euffent pas été arrêtés au parlement , ils l'euffent été dans
l'exécution dont on eût bientôt fenti l'im-
poffibilité.

Au milieu de toute cette confufion, il

partit de Versailles un coup de lumiere,
qui ne paroissoit pas ensemble avec la conduite du gouvernement : il fut sans doute
dû à l'excellence du cœur du roi. Et il n'y
avoit en effet qu'un prince vraiment grand,
qu'un esprit plein de droiture, un monarque
vraiment persuadé de sa force, qui pût prendre un pareil parti. On retira les édits,
& l'on remit les impositions sur l'ancien
pied pour cinq ans. Henri IV étoit revenu
de plus loin. Il n'y eut qu'un cri dans
Paris pour applaudir. L'on s'attendit bien
que le parlement passeroit tout. On ne se
trompa point. Cette compagnie toujours
ensemble avec la voix publique enregistra
la loi sur le champ, non-seulement sans
remontrances, mais avec une lettre de re-
mercîment de la bonté du monarque, qui
avoit su peser dans son ame royale &
patriotique le malheur des circonstances.
Cette lettre décernoit au roi la qualité
qu'avoit eue Charles V. Peut-être cette lettre
ne fut-elle pas assez accueillie à Versailles.
Une compagnie de magistrature qui étoit

C iv

dans ce moment un organe sûr & avoué de l'opinion publique, & qui donnoit au roi le titre mérité de *Louis le sage*, étoit peut-être faite pour exciter davantage la sensibilité de la cour. Mais ce titre précieux n'en restera pas moins à cet excellent prince, & nous espérons que les événemens à venir ne feront que le rendre plus ineffaçable.

Cependant les brouillons qui voyoient ainsi les choses se calmer, tomboient de leur haut. Mais, disoient-ils, le parlement ne pouvoit point tout-à-l'heure consentir les impôts, & voilà qu'il en enregistre un pour cinq ans. Oui, l'obéissance du parlement est toujours bonne, & sa résistance n'est bonne que quand elle est placée & avouée. En tout état le parlement doit obéir, & enregistrer, à moins que la loi n'entraîne un changement notable & fâcheux dans l'ordre public. Et dans ce dernier cas il ne peut pas encore résister comme magistrat, mais comme citoyen. Sa résistance est toujours censée extraordinaire. C'est le *salus populi, suprema lex.* C'est la protes-

tation de l'homme rebuté qui avanture fa
condition pour ne point faire une chofe
qui lui répugne. Le parlement n'étoit plus
dans cette fâcheufe pofition. Il fit grandement d'obéir ; & le roi le rendit auffitôt
à la Capitale.

Je n'entame point le récit de la nouvelle querelle de la cour avec le parlement
pour les emprunts, quoique commencée en
1787, parce que les fuites n'en font point
encore développées, & qu'elles peuvent s'é-
tendre au loin fur les années fuivantes, fi
les efprits continuent à s'aigrir. L'exil de
M. le duc d'Orléans, que l'hiftoire remar-
quera, en eft un effet trop notable. Le zele
de ce prince pour le bien du roi auroit-il
pu être révoqué en doute ? J'ignore à quel
point on peut compromettre un prince du
fang à fon infçu. Mais j'ai les plus fortes
raifons de croire que M. le duc d'Orléans
n'a point folemment mérité fa difgrace.
Pourquoi ce prince m'auroit-il honoré de
fon attention, moi qui n'ai jamais traité
que de l'unité & du maintien de l'autorité

du roi? Certainement M. le duc d'Orléans ne se gêne point assez pour m'avoir accueilli, si ce que j'ai dit n'étoit pas en effet conforme à ce qui est dans son cœur. Le plus léger éclaircissement doit suffire pour dissiper à jamais ce nuage.

Sans doute que lorsque ceci verra le jour, tous les maux ou tous les biens qui peuvent résulter des mouvemens présens, seront consommés. Mais il n'est pas possible de prévoir rien de fâcheux pour les parlemens d'un garde des sceaux qui porte le nom de Lamoignon. Et si d'un autre côté les vues du ministre principal paroissent avoir quelque incertitude, c'est sans doute la faute des circonstances, & il attend le moment de tout réparer. Cependant plus ce moment devient difficile, plus il faudra qu'il soit délicat sur les expédiens; car si son administration n'est pas sublime, il faudra qu'elle soit..... Mais loin d'ici toute parole fâcheuse qui sans doute n'aura jamais d'application. M. de Brienne ne doit avoir, & n'a par conséquent en vue que

le maintien de l'autorité du roi & de la
liberté du peuple. Et je ne me permettrai
pas même de conjecturer sur des démar-
ches qui ont l'air d'être favorables à des
partis, mais qu'une haute prudence peut
encore tourner à l'avantage de la chose
publique.

Parmi les autres ministres, un seul, M. le
baron de Breteuil, conserve dans son département la discipline ancienne, & ne se
montre point favorable aux innovations qui
tendent à diminuer l'autorité royale. Aussi
est-il en butte à toutes sortes d'intrigues,
dont il triomphe à force de justice, de
fermeté & de persévérance dans le bien
qu'il fait. Ce ministre, dont les brouillons
disent tout le mal possible, est celui qui
paroît travailler avec le plus de succès à
l'utilité publique. Et il mérite d'autant plus
que les lettres lui élevent un monument
dans la mémoire, que le bien qu'il fait,
est d'un genre à produire de grands effets
sans jamais en rappeller la cause. Une
colonne élevée, un obélisque, un temple

déposent en faveur de celui qui les a fait
construire ; mais on ne pense plus à des
décombres élagués , lorsqu'on ne les voit
plus : mais le peuple en foulant de superbes quais , en parcourant des rues commodes , en jouit comme d'une chose simple. C'est à ceux qui les ont vu former,
c'est à ceux qui ont vu l'état de barbarie
& d'insalubrité où Paris étoit encore de
nos jours, à en instruire ceux qui jouiront
du bienfait, afin que la reconnoissance le
rende d'autant plus visible à la postérité,
que la trace peut en être plus facilement
perdue. D'ailleurs travailler avec cette intrépidité & ce succès, à l'ordre public,
tandis que le désordre croit s'établir solidement par d'autres côtés : s'avancer d'autant plus dans la netteté que d'autres s'enfoncent plus loin dans la confusion ; c'est
conserver un point à la chose publique,
capable de la rétablir bientôt toute entiere.
La barbarie chassée d'un côté est toujours
autant de chassé. Et la belle distribution
d'une capitale est ce qui s'oppose le plus

à ce que la barbarie y rentre jamais. On n'abrutit plus un peuple bien logé. Je comparerois la civilisation à un vase à plusieurs embouchures : on ne sauroit verser de la liqueur dans l'une, qu'elle ne s'éleve également dans les autres. M. de Breteuil verse abondamment dans le côté qui est à sa disposition. Et je voudrois bien que ce foible éloge pût acquitter un peu envers lui la reconnoissance publique, en perpétuant la mémoire de sa bienfaisante administration.

Si les services que M. de Breteuil rend à la France sont incalculables, on ne sauroit croire le tort que nous fait la molesse & l'esprit d'indécision qui reculent depuis si long-tems l'exécution du muséum que le roi a projetté, & pour lequel il a déjà acquis tant de richesses. Dix souverains étrangers, depuis dix ans, ont traversé la France. Tous possedent & offrent chez eux à l'attention de leurs peuples des chefs-d'œuvres mobiliaires. Ils n'ont rien vu d'étalé chez nous dans ce genre : tout est

rentaffé dans d'obfcurs gardes-meubles. Ils
ont remporté l'idée que nous ne favons
point parler aux yeux, point fixer l'attention fur nos alentours, point goûter la gloire
paifible des arts, que nous ne favons qu'être
perfonnels & légers. Ils ignorent que le
vœu conftant de la nation eft trahi par un
fervice fans énergie. Car l'excufe du manque de fonds n'eft point admiffible. Les
finances manquent, dit-on, pour achever
le louvre, le capitole des François, elles
manquent pour achever le muféum. Mais on
en a trouvé pour bâtir la monnoie: mais on en
a trouvé pour bâtir l'école de chirurgie: mais
on en a trouvé pour bâtir l'école-militaire:
mais on en a trouvé pour conftruire vingt
palais. Non : ce n'eft point les finances
qui manquent, c'eft une volonté forte &
droite. La véritable caufe qui interrompt
le louvre & le muféum, c'eft que le louvre
& le muféum n'ont plus d'intrigue qui les
portent, ne font plus la réputation de tel
ou de tel, à qui telle femme ou tel courtifan
veulent donner une fortune, & qu'ils n'offrent

à l'intérêt de leurs adminiſtrateurs que l'avantage publique & la gloire de la nation.

C'eſt ainſi qu'eſt ſervi, dans preſque toutes les occaſions, le monarque qui a les vues les plus conſtantes pour le bien de ſes peuples, qui ſera plus qu'un Henri IV s'il peut rencontrer un Sully, puiſqu'il joint les mœurs à l'amour de la juſtice & à la popularité qui a fait la gloire du premier des Bourbons. La reine.... que ne doit-on pas en attendre! Et de quel aveuglément barbare ne faudroit-il pas être frappé pour ne pas voir que ce ſera de cette princeſſe, également bonne mere & bonne épouſe, que viendra le bonheur de la France? Loin de la dégoûter des affaires, il eſt bien plutôt à déſirer qu'elle puiſſe s'en occuper avec plus de ſuite & d'attention. Qui eſt-ce qui a le plus d'intérêt à voir proſpérer la France que l'épouſe du roi, que la mere du dauphin? C'eſt ainſi que je vois les choſes : & peut-être ai-je juſqu'ici montré quelque pénétration. Ce ſera la reine qui décidera de la gloire de ſon auguſte époux,

& qui après l'avoir vu livré trop long-tems
à un comte de M.... à un comte de V....
l'encouragera à se livrer enfin à lui-même
& à son peuple, & à renvoyer au loin tous
les flatteurs, & tous les gens de parti, qui
ne sont faits que pour l'égarer.

Mais, dira-t-on, comment a-t-on pu
flatter le roi, que tous les propos douce-
reux ennuyent & révoltent. On l'a flatté,
sinon par des discours, au moins en ca-
ressant trop ses plus fortes inclinations. Or
la plus instante de ce prince, ami de la
justice, est de faire face à ses engagemens,
& de rendre la nation brillante. Vous aurez
de quoi payer, Sire, en faisant cela ou
cela : & voilà qu'on lui a proposé des
sacrifices de son autorité. Ce prince y a bien
vu quelque désordre; mais il a été ébranlé
par son désir dominant de se montrer loyal débiteur, & monarque secourable. Vous aurez
de l'argent, Sire, par ce moyen pour faire
telle amélioration. Ou bien si vous résistez
à prendre tel parti, Sire, vous ne pourrez
pas vous procurer de l'argent. Tous les

projets

projets ont été pour de l'argent. Eh! non:
ce n'est point en en cherchant ainsi qu'on
en obtient. Des trois dons offerts à Salo-
mon, il ne demanda que la sagesse, & il
eut avec celui-là la richesse & les grandeurs. Cherchez l'ordre & vous aurez de
l'argent : conservez votre autorité, vous
augmenterez vos revenus. Mais plus on fera
de sacrifices, de retranchemens, & de renversemens, plus on s'éloignera du but qu'on
se propose : plus on fera de mécontens:
plus on trouvera de résistance, moins on
fournira aux peuples de moyens de subve-
nir, plus on arrêtera le commerce & les
échanges, & plus on affoiblira le monarque
& le royaume.

La conservation du crédit est encore un de
ces prétextes dont on abuse pour entretenir
le désordre des affaires du roi. Il semble que
le monarque des François soit un marchand
hasardeux, dont les rentrées font incertaines
& à qui tout va manquer, s'il ne paye pas
à tel jour & à telle heure. Eh! les rentrées
du trésor royal font certaines & éternelles

comme le fol, comme les échanges qui les produifent. Un contrôleur-général fage ne donnera jamais un écu pour avoir de l'argent plutôt qu'il ne doit venir. Quand on ne voit pas d'argent au tréfor royal, on perd la tête. Il n'y a pas d'argent : voilà un grand malheur : mais il y en aura dans un mois, dans huit jours, demain, tout-à-l'heure. Il n'y a rien de plus évident. Trouvera-t-on au monde un débiteur qui préfente plus de fûretés? On s'affranchiroit de fes tranfes mercantiles, fi l'on fentoit bien la force de fon exiftence, & fi l'on ne fe mettoit point fottement en parité avec des banquiers qui n'ont que des moyens factices, bourfoufflés & éventuels.

On arrêteroit également l'agiotage, qui ôte à l'induftrie toutes fes reffources, fi l'on ne fe fervoit pas pour l'entretenir de ce malheureux prétexte du crédit. Eh! qu'importe que cent imbécilles, efcortés d'autant de frippons, croyent qu'un effet, qui fera très-fûrement bien payé, vaut moins aujourd'hui qu'hier. Comme il n'y a pas de raifon pour

varier fur fa folidité, un miniftre doit, dans
tous les tems, méprifer les effets de ce jeu.
Au refte il conviendroit auffi de lui ôter fon
aliment en conftituant une grande partie de
ces effets : car on doit fentir qu'il en circule
fur la place beaucoup plus qu'il n'y a de
difpofitions à faire parmi les citoyens.

Jamais il ne roule d'idées fauffes dans
l'adminiftration qu'elles n'enfantent tôt ou
tard quelque mauvais projet. Quand je les
vois s'élever, fe nourrir, s'étendre, j'en
attends toujours un orage. Dans ce moment
on répete par-tout que l'églife n'eft plus fanatique, & qu'ainfi on ne rifque plus rien
à lui rendre fon influence fur les affaires
publiques. On dit auffi que la nobleffe aujourd'hui eft éclairée, & qu'en lui redonnant
beaucoup de pouvoir, on ne verra plus
revenir la barbarie. Conjurons ce gros tems.
Hâtons-nous d'obferver que tous les gens
fenfés concluront le contraire des deux
propofitions, & qu'ils diront: L'églife n'eft
plus fanatique, parce qu'on lui a ôté les
moyens trop nombreux qu'elle avoit de

dominer & d'échauffer les esprits. Il faut
continuer dans cette fage réferve, parce que
les mêmes caufes produifant les mêmes effets, il eft raifonnable de croire qu'en lui
rendant fon influence, les anciens abus re-
naîtront. Il en eft de même de la noblesse,
on eft parvenu à la rendre éclairée & polie,
en ne lui donnant du pouvoir & des offices
que concurremment avec le mérite : fi on
lui rend la primauté, comme noblesse feulement, elle fe repofera, comme autrefois,
fur cette qualité, & rejettera tout dans la
barbarie. Si l'églife eft tranquille & ci-
toyenne, elle jouit de la confidération qui
eft due à cette conduite prudente. Il faut
là maintenir dans cette jouiffance. Si la
noblesse eft polie & fociale, elle en retire
des avantages innombrables ; il faut les lui
conferver, & ne fonger qu'à entretenir la
force d'un gouvernement, qui fait mettre ainfi
les ordres de l'État dans leur plus brillante
& leur plus parfaite harmonie.

Et qu'on ne fe fie pas à dire : ceci n'arrivera plus : la nation ne fouffrira plus cela :

notre caractere s'oppose à ce que l'on en vienne à telle chose. Tous les maux possibles arrivent aux peuples qui ne savent rien prévoir & rien conserver. Dans le même lieu où Athenes florissoit, regne la plus cruelle barbarie, rampe le plus lâche esclavage. Les murs où Scipion a triomphé, où Caton a gouverné, où Ciceron a parlé, s'honorent de renfermer des généraux de mendians, & un peuple qui en differe peu. Nous-mêmes avons déjà été plusieurs fois opprimans, opprimés; civils, barbares; célebres, ignorés; humains, fanatiques; malheureux, fortunés. Notre caractere aujourd'hui se développoit entier, & paroissoit dans tout son brillant : nous jouissions de tous nos avantages, parce que notre gouvernement étoit parvenu au point de nous être parfaitemennt convenable. Semblables à un athlete que la nature avoit bien formé, & qui après avoir été gêné long-tems dans des habits qui lui étoient peu commodes, parvient à s'en procurer d'une forme à la taille & favorable à ses mouvemens; il déploye alors

D iij

toute fa force, toute fa grace, toute fon agili-
té. Sachons refter dans cette favorable fituation, & conferver une maniere à laquelle nous
devons tant de bien-être & de confidération.

Enfin l'on attend les états-généraux. On
les promet. Qu'en réfultera-t-il ? Que des
troubles nouveaux, fi l'on continue à ne
faire que des mécontens, fi le gouvernement
continue à trahir le gouvernement, par
foibleffe, par ignorance ou par efprit de
parti. Mais fi l'on fe réfoud à les tenir,
qu'on obferve fur-tout d'y parler aux yeux,
que cette affemblée mémorable foit célé-
brée avec toute la pompe & toute la gravité
qui conviennent à fa fin. Et pourquoi tous les
contrats importans ont-ils, depuis l'origine
des tems, été entourés de formalités & de
cérémonies ? C'eft pour fixer les efprits fur
leur feule importance, & les éloigner de
toute penfée étrangere ou contraire à leur objet. Que doit-on donc imaginer d'affez augufte
pour la tenue des états-généraux du peuple
François ? Que le roi y paroiffe donc en
roi ; que toute la pompe dont il peut être

entouré, y foit déployée : que le lieu foit magnifique : qu'il rappelle tous les tems de la France : qu'on y trouve par-tout tracés, nos vertus, nos profpérités & même nos malheurs. Que tous ceux qui s'y rendront, foient avertis par les habits pompeux dont ils feront revêtus, des fentimens que leur cœur doit y apporter. Que des prieres générales en ouvrent & en ferment la folemnité. La France doit tout au Ciel, elle en doit tout attendre : elle doit tout y rapporter. Que des jeux magnifiques, des tournois, des joûtes, des courfes de chars & de chevaux, que des feftins fomptueux en terminent l'appareil. Alors la nation pourra les avouer, le roi pourra y paroître d'une maniere digne de lui, & fans y compromettre une autorité confacrée par quatorze fiecles. Alors le roi pourra renouveller cette célébration de cinq ans en cinq ans, & en faire une époque nationale, comme les olympiades l'étoient chez les Grecs, comme le cens par luftre l'étoit chez les Romains. Et cette affemblée, loin

d'être un objet d'efpérance pour nos ennemis, par les divifions qu'elle a coutume
d'apporter, les écrafera par le fpectacle de
notre force & de notre union, & fixera
fur nous l'attention, l'eftime, & l'amour
de tous les peuples.

Mais fi le roi tient les états-généraux
felon la compofition furannée qui eft très-
contraire à l'ordre établi, s'il les tient,
dis-je, avec l'églife en tiers, il eft bien
de fon intérêt qu'il mette les parlemens
pour beaucoup dans leur compofition, afin
de fauver le clergé lui-même de fes principes étrangers, d'en donner à la nobleffe
qui en manque trop fouvent, & de faire
prévaloir par-tout les principes nationaux
dont ces compagnies font le foyer. Il eft
auffi de l'intérêt des parlemens de refter
du côté du tiers-état, pour y conferver
une force utile au peuple & au monarque. Car il ne faut pas fe le diffimu-
ler, les grand'chambres des parlemens
font ce qu'il y a de plus inftruit & de plus
expérimenté dans le royaume. Les divifions

qui régnent entre ces compagnies & la
cour, ont indifpofé le prince contre elles;
mais on reviendra de toutes ces préventions,
quand on réfléchira qu'on les a trop aigries,
qu'on a voulu trop les humilier, quand on
fentira qu'on n'obtient rien des hommes re-
butés, & qu'il y a un certain point où l'on
ne peut plus ni fervir, ni obéir, où l'on
ne peut plus que tout abandonner & mourir.
Henri IV recommandoit dans le gouvernement l'ufage du miel. On trouvera plus
d'une fois dans les bons mots de ce prince
de quoi fauver la patrie.

En attendant l'événement de cette affemblée, pourquoi le roi ne chercheroit-il pas à
faire faire des diverfions aux efprits depuis
trop long - tems appefantis fur le même
objet? Pourquoi ce prince, & fon augufte
époufe ne fe montreroient - ils pas plus
fouvent à leur peuple? Quelques murmures
de brouillons une fois calmés, ils verroient
bientôt leur préfence faire renaître par-
tout l'efpérance & la joie. L'étiquette les
gêne, mais cette étiquette arrêrée fous

Louis XIII est-elle si sacrée qu'on n'y puisse réformer beaucoup de choses? Les souverains d'Allemagne & des Pays-Bas vont manger en ville, visitent même de simples citoyens. Nos rois ne s'en abstiennent que depuis un siecle. MM. Brochant conservent encore les sieges sur lesquels s'asseyoit Henri IV, lorsqu'il venoit faire chez eux les emplettes de sa maison. Pourquoi nos princes ne chercheroient-ils pas encore à ranimer le commerce, & à entretenir le bon goût par la richesse de leurs habits. N'y a-t-il pas des changemens heureux à y faire? Nous suivons depuis trop long-tems une mode bizarre de chaussure & de coëffure. La nation attend le retour de la coëffure ronde qui est notre maniere ancienne & nationale. Pourquoi le roi ne l'essayeroit-il pas? Les variations des boucles & des agraffes de notre chaussure nous demandent le retour des bandelettes & du cothurne que nous avons portés si long-tems, & qui sont si nobles & si décorans. Pourquoi le roi ne remettroit-il pas ces

ornemens à la mode ? Attendrons - nous,
qu'une nation étrangere nous précede dans
cet usage, & que nous l'apprenions de
nos ennemis ? Pourquoi ne reprendrions-
nous pas la ceinture & l'écharpe, cette
partie de notre vêtement en même - tems
agréable, utile & décente ? Et ce ne font
point là de si petites choses. On ne peut
pas d'ailleurs s'occuper toujours de comptes
publics, de ministres, de procès-verbaux
d'assemblée. Il faut bien aussi songer un
peu à reprendre cette grace suprême, cet
enjouement, cette élégance, qui forment
notre vraie supériorité.

Le récit des événemens de cette fatale
année pourroit nous mener encore à d'autres
réflexions : je me garderai bien de les
épuiser. Je crois avoir rappellé dans ces
lettres les principes les plus essentiels, autant
que les plus méconnus de la politique. Et
j'ai cru de mon devoir de les publier,
comme j'ai cru qu'il seroit de la justice
du gouvernement de les souffrir. Quand on
veut que le public juge de tout, il faut

permettre de lui tout dire. De son côté il ne faut pas que le public croye que les matieres politiques tombent sous le sens, & qu'une légere attention suffit pour décider à cet égard son jugement. Quand les Athéniens avoient un parti à prendre sur une affaire d'administration, ils n'y procédoient point qu'ils ne l'eussent entendu controverser par les orateurs les plus habiles. Je ne crois pas avoir été inutile à l'éclaircissement des matieres importantes dont on s'occupe; & le zele en moi a pu suppléer au talent.

Ces matieres étoient épineuses : il étoit instant de les développer : je n'ai ni méconnu, ni appréhendé le danger d'en parler. L'amour du bien public qui m'a inspiré, me défendra. Je ne crains point du tout la haine du clergé dont j'ai prouvé qu'on devoit restreindre l'influence dans les affaires publiques. Les personnages pieux de cet ordre m'en sauront gré : & j'ai dans la nature même de mes raisons de quoi me soutenir contre les autres. Ils ne pourroient me faire du mal sans mettre tout-à-fait à

découvert leurs déraisonnables prétentions.
Pithou a rédigé les libertés de l'église Gal-
licane dans un siecle moins éclairé, & Pithou a vécu tranquille & respecté.

La noblesse aura sans doute eu peu d'é-
crivains qui en ayent parlé d'une maniere
aussi grande & aussi élevée. Elle ne mé-
riteroit pas mes éloges, si elle pouvoit
s'offenser de mes critiques. Elle ne seroit
plus la noblesse, si elle prétendoit se faire
servir par l'État & non le servir & l'illustrer.

Quant au tiers-état & au peuple, j'ai
montré que tout devoit se rapporter à lui,
qu'il étoit le fond de la chose publique,
le soutien des grands, l'appui de la monarchie. J'ai démontré jusqu'à l'évidence que,
quelqu'importance que l'on doive ajouter à
des assemblées de parlemens, d'états-généraux, de cours plenieres, l'opinion publique est encore plus forte, plus sacramen-
telle que tout cela : que ce ne sont là que
des moyens de rapprochement, des pour-
parlers, des conseils, des formes : que le roi
est constitutionnellement seul souverain : que

le peuple n'a de repréſentant réel que lui-
même & ſon roi, & qu'enfin, ſi la qualification de la république Romaine étoit *le
Sénat & le peuple Romain*, celle de notre
monarchie eſt néceſſairement *le Roi & le
peuple François*.

Ces vérités, publiées avant la tenue des
états-généraux, pourront rappeller aux membres de cette aſſemblée, que ce n'eſt pas
ce qui leur convient perſonnellement qu'ils
doivent y demander, mais ce qui convient
en effet au peuple, & que tout ce qu'on
y pourra ſtatuer de contraire à ſes franchiſes & à l'autorité, n'en ſera pas pour
cela plus valide. Au reſte je ne regarde
plus aujourd'hui comme un événement indifférent, que j'aie ramaſſé dans mon diſcours ſur nos uſages tout ce que notre
gouvernement avoit de parfait, dans le
moment juſte où tout étoit ſur le point
d'être renverſé. Il étoit tems que quelqu'un
fixât par un récit tout ce qui exiſtoit,
quand tout étoit prêt à diſparoître. Je ne
ſongeois pas, tandis que je m'occupois à

tout confolider, que des gens puiffans s'oc-
cupoient du projet de tout détruire, & qu'il
partiroit en même-tems de mon obfcurité
& de leur éclat, deux fyftêmes fi différens.
Le tableau que j'en ai fait, fervira au
moins à montrer le point où l'on en étoit
en 1786, & à prouver que tout ce qu'on
y changera ne pourra jamais égaler l'enfemble où l'on étoit parvenu. Il feroit bien
confolant pour moi, fi ce tableau pouvoit
un jour fervir à rétablir les breches qu'on
a faites à l'autorité, & montrer comment
on peut encore réparer les ruines de la
nation.

De tous côtés cependant on fe met à
écrire pour démolir mon édifice, & pour
établir des principes conformes aux différens
fyftêmes qu'on veut porter. Il n'y a pas
jufqu'au fyftême féodal, qui n'ait trouvé dans
M. de Luberfac un apologifte, comme Cà-
veirac l'avoit été de la St. Barthelemi.
M. de St. Aulaire nous crie qu'un M. Ber-
gaffe eft heureux d'être né dans un moment fi favorable au développement du

beau plan de légiſlation dont il s'occupe.
Tout s'empreſſe, tout ſe remue pour donner
des projets de loix. M. Necker va juſqu'à
la théologie. Vous vous tourmentez en vain,
magiciens de Pharaon; ma baguette dévo-
rera la vôtre. Je n'ai fait que décrire ce
que j'ai vu établi, & mon ſimple récit
prévaudra ſur tous vos projets de domi-
nation, qui ne ſont que des productions
d'amour-propre.

Des livres de politique! Mais qui eſt-ce
qui ſe rend digne aujourd'hui d'en faire?
Eh! non : ce n'étoit point un livre que tel
avoit envie d'écrire quand il a compoſé le
ſien : il avoit envie d'arriver à tel but,
d'obtenir telle place, de parvenir à telle
conſidération, de forcer tel obſtacle, de
gagner telle ſomme. Des livres de politique! C'eſt bien avec de telles diſpoſitions
qu'on en fait! Être vivement pénétré du
deſir d'être utile à ſon pàys, avoir un cœur
pur, un eſprit droit, une ame déſintéreſſée,
être prêt à braver toutes les puiſſances,
à courir tous les dangers pour faire triom-

pher

pher la bonne cause dont on a embrassé la
défense : joindre à cette énergie tout ce
que la raison peut recevoir de justes ornemens pour ne la point déparer dans ses
discours , voilà ce qu'il faut qu'un orateur
réunisse pour en mériter le titre. Voilà ce
que j'ai cherché à déployer, sans en rien
attendre & en rien désirer, que le bien de
ma patrie; car de tout ce que j'ai établi &
défendu , je déclare encore une fois, que
je n'en veux rien pour moi.

Ces lettres , Monsieur, sont vraies, en
ce qu'il est vrai que je vous les ai écrites.
Et en les donnant ensuite au public, à qui
j'ai presque toujours parlé en votre personne , je n'ai fait que me servir d'un
moyen permis de l'entretenir : moyen qui
a été employé par des hommes qui avoient
autant de probité & de délicatesse que moi;
& en citant Pascal, je n'ai rien à alléguer
de plus. Dans les monarchies , on ne peut
jamais s'adresser directement au peuple à
l'occasion des événemens présens ; & la
publication d'une lettre écrite à un autre,

E

est le seul moyen reçu de se mettre sur la
scene. Heureux! si j'y ai paru avec ce feu
divin qui réchauffe les esprits & les cœurs ;
car le bon sens seul , & il est triste d'en
convenir , ne suffit point pour parler avec
succès devant un peuple. Il faut avoir pour
soi , & l'adresse qui fait tout dire sans
blesser , & la force qui subjugue en comblant de joie , & la grace qui ne s'acquiert
point. Il ne faut laisser aucune arme , aucun
avantage au mensonge : il faut que la beauté de la diction aide à faire supporter la sévérité du sujet ; l'éloquence est comme une
armée qui ne marche qu'au bruit des clai-
rons & au son des instrumens triomphaux.
Et en effet , c'est une chose si précieuse que
d'obtenir le suffrage d'un peuple , qu'il n'est
pas étonnant de voir ceux qui y aspirent
employer tous les moyens imaginables pour
l'émouvoir. Dans cet état, c'est en vain que
la raison seule y prétend. Toutes les passions , tous les intérêts sont mis en jeu
pour la réduire & pour la repousser. Celui
qui veut la faire prévaloir , n'a donc rien

fait pour elle, s'il n'a pas, à la force de
cette même raison, ajouté la vigueur d'un
avantageux développement : s'il n'a pas
opposé à la malice & à l'opiniâtreté de la
folie, l'intrépidité du bon droit, les ressources du génie, &, si l'on peut ainsi parler, la malice de la vertu. Je ne sais pas
à quel point j'ai réussi, mais j'ai assez
connu les difficultés de l'entreprise, pour
pouvoir espérer qu'on me saura gré d'avoir
osé la tenter.

Si quelques-uns de ces ministres, qui ont
tant fait parler d'eux depuis dix ans, me
demandoient qui est-ce qui m'a appris
toute cette politique, & d'où, avec si peu
de moyens, j'ai tiré tous les principes que
j'ai établis; je leur répondrois d'abord, que
celui qui m'a appris tout cela, est le même
qui avoit appris au bourgeois Machiavel
l'art de la castramétation qu'il a montré à
François premier, & l'art de gouverner
l'Italie qu'il a montré aux Médicis. Et je
prendrois la liberté de leur demander ensuite, qui est-ce qui peut leur avoir appris à

E ij

eux , avec tous les secours possibles , le prince le mieux veillant & la nation la mieux disposée, qui est-ce , dis-je, qui peut leur avoir appris à si mal faire.

J'ai l'honneur d'être, &c.

PROFESSION DE FOI

D'UN CITOYEN FRANÇOIS,

EN 1788.

JE crois en l'autorité unique, souveraine,
universelle du roi, laquelle est la base de
notre tranquillité dans l'intérieur de l'État,
& de notre force dans l'extérieur.

Je crois que le roi est maître de sa cou-
ronne, comme je suis maître de mon champ
& de ma maison, & que, s'il y avoit jamais
quelqu'incertitude sur sa propriété, je ne
pourrois avoir aucune bonne raison de compter sur la mienne.

Je crois que le gouvernement des rois de
France n'a jamais été tyrannique, & que les
moyens de notre plus grande prospérité,
sont ceux où ils ont été le plus absolus.

E iij

Je crois qu'en recueillant toutes les fautes & toutes les erreurs de nos soixante-quatre anciens rois, on ne pourroit pas même en former l'ombre d'un Tibere, d'un Néron, d'un Caligula : nous n'avons jamais eu de tyran proprement dit.

Je crois que, si la tyrannie a paru en France, ce n'a été que lorsque nos rois ont laissé usurper leur autorité par des intermédiaires qui ont rendu les peuples malheureux.

Je crois qu'il y a deux manieres de diviser un État, la premiere, en répartissant l'autorité à des grands établis dans les provinces, la seconde, en répartissant l'autorité à des assemblées aristocratiques ou démocratiques. Nous avons fait l'expérience du premier cas sous le regne féodal : nous commençons l'expérience du second.

Je crois que dans un État monarchique, le maintien de l'autorité unique exige que toute l'administration se fasse par des commissaires du roi, qu'il puisse nommer,

changer, révoquer, comme son intérêt &
celui du peuple l'exige.

Je crois que, si l'on peut abuser de l'autorité unique, on peut abuser encore plus
sûrement de l'autorité partagée, qu'ainsi
il ne faut laisser établir aucune puissance
intermédiaire, parce qu'il y a plus d'espoir
avec un seul maître, qu'avec mille.

Je crois qu'il n'y a en France, de loix
fondamentales, que celles que l'intérêt commun a consacrées, celles que le droit des
gens & la raison tiennent écrites dans tous
les cœurs, celles qui ont pour sanction l'é-
vidence de leur utilité.

Je crois que les états-généraux ne peuvent
porter atteinte à ces loix, parce qu'ils ne
sont pas plus forts que l'évidence, que la
raison, & que le droit des gens.

Je crois que comme les états-généraux
ont plusieurs fois voulu autoriser des abus,
& donner de la puissance à des partis, qui
ensuite ont été justement abattus, il s'en-
suit que les états-généraux n'ont ni le droit,

ni le pouvoit de rendre folide toute difpofition qui tendroit à donner de la confiftance
à des partis, & à divifer ou amoindrir
l'autorité royale.

Je crois que le roi a feul le droit d'affembler les états-généraux, de les compofer, de les continuer, ou de les diffoudre,
felon fa fageffe, & les intérêts de fon autorité qui eft le falut de tous.

Je crois que le gouvernement François,
ayant été évidemment changé en mieux
depuis deux fiecles, il ne faut pas revenir
aux anciennes coutumes, quand elles font
abufives.

Je crois que la compofition des états-
généraux en trois ordres, le clergé, la
nobleffe & le tiers-état, étoit un abus
évident, & que le rappeller, c'eft vouloir
rejoindre des parties vivantes à des parties
mortes.

Je crois qu'il eft injufte, même ridicule,
qu'une feule magiftrature veuille faire un
ordre parmi un peuple, & le dommer du

tiers ; que les Juifs , qui étoient théocrati-
ques , ne comptoient leurs Lévites , qu'en
proportion du douzieme ; & que jamais un
abus , quelque long qu'il ait été , n'a pu
former un droit.

Je crois que , si l'on vouloit classer par
tiers le peuple François , on ne pourroit
justement le classer que de deux manieres ,
ou par hauts magistrats , propriétaires fon-
ciers , & propriétaires commerçans , ou par
nobles , bourgeois & paysans.

Je crois que , si l'on crée une chambre
pour les enregistremens , qui n'ait que cette
fonction , sa résistance étant légale , devien-
dra souvent arbitraire , & divisera avec
droit l'autorité ; que cette chambre finira
par s'arroger la puissance des éphores à
Sparte ; ce qui sera une cause continuelle
de troubles , dans une nation aussi nombreuse
& aussi pétulante que la nôtre.

Je crois qu'il est de l'intérêt du roi &
de celui du peuple , que l'enregistrement
soit conservé aux parlemens , parce que ces

compagnies tenant toutes du roi, elles auront
toujours beaucoup de ménagement pour
l'adminiſtration, lui éviteront des ſcandales,
& ne remontreront, que lorſqu'elles y ſeront
contraintes par la force des choſes. Leur
réſiſtance abſolue étant toujours au fond
illégale, elles ne réſiſteront que quand elles
ſe verront mille fois raiſon : ce qui alors eſt
un avantage pour le roi, & une tranquillité
pour le peuple.

Je crois que c'eſt dans le bon choix des
miniſtres que réſide la bonne adminiſtration,
& non dans la multiplicité des adminiſtrateurs ; que cette machine craint la compli-
cation, & qu'elle eſt plus parfaite, à meſure
qu'elle eſt plus ſimple.

Je crois que la qualité de *verſatile*, qu'on
veut donner depuis quelque-tems à notre
adminiſtration, eſt très-déplacée, & tend à
induire le monarque & le peuple en erreur.
La nature de l'adminiſtration eſt d'être abſolue & entiere dans celui qui l'exerce, au
péril de voir tout ſon ouvrage bientôt dé-

truit, s'il n'est pas raisonnable. Ceux qui se plaignent qu'on change tout, n'auroient pas voulu que tout ce qu'on a fait depuis dix ans, eût resté. La mobilité fait la perfection de notre administration : aucun abus n'y est durable : la raison y rentre toujours. Ceux qui voudront introduire des comités , de petites aristocraties , pour qu'on suive leurs dispositions quand ils ne seront plus , sont ceux qui ameneront en effet des abus. Comme il n'est pas sûr qu'ils seront plus raisonnables que les autres, il n'est pas juste qu'on leur donne les moyens d'être plus solides.

Je crois que notre roi a donné une très-grande preuve de son excellent jugément en changeant treize fois de ministre, & que quand on est dans une mauvaise veine, le pis est de persister dans ses choix.

Je crois qu'il est juste de payer des subsides au roi pour le maintien de la chose publique, & pour l'honneur de sa maison, qui doit surpasser celles de tous les autres princes de l'Europe, autant pour notre gloire, que pour notre sûreté & notre prépondérance.

Je crois que nous ne devons point désirer l'rétablissement d'un impôt unique, quelque spécieux qu'en soit le projet ; 1°. parce que même en le forçant, on ne pourroit jamais faire consentir les peuples à donner autant qu'ils donnent ; 2°. parce qu'au premier embarras dans les finances, le ministere nous remettroit peu-à-peu les autres impôts, & que nous payerions bientôt l'impôt direct forcé, & l'impôt indirect par-dessus le marché.

Je crois que les petits payent trop, que les gens moyens payent assez, & que les grands pourroient payer un peu davantage.

Je crois qu'on couvriroit bientôt le déficit, si l'on faisoit moins de bruit, si l'on ne mêloit pas à ce travail des discussions qui lui sont étrangeres, si l'on rétablissoit l'équilibre dans l'impôt, sans changer le nom de vingtiemes, qui est dégradatif, qui

annonce un terme aux furcharges, & qui
promet un allégement : car un dixieme à
perpétuité paroîtra toujours dur à caufe
des impôts indirects.

Je crois que dès que le roi me deman-
dera dans une affemblée authentique une
augmentation momentanée pour couvrir le
déficit, je ferai fagement de lui fubvenir
de toute ma force. Les befoins font grands :
l'honneur national ne doit point être com-
promis. J'ai un roi : j'ai un bon roi : j'ai un
roi vertueux : il faut le fatisfaire : il faut
plus, il faut qu'il foit heureux.

Je crois que lorfque le fubfide fera convenu avec la nation, le moyen de le répar-
tir juftement, fe trouvera plutôt dans une
bonne ordonnance de formalité, dans les
élections, dans les cours des aides, dans les
intendans, que dans des affemblées provinciales, qui feront toujours inflammatoires,
barbouillantes, incertaines, & anti-monarchiques.

Je crois que je dois m'abftenir d'être des

assemblées provinciales, 1º. parce que cela
ne mene à rien ; 2º. parce que j'ai ma
fortune à soigner , mes enfans à établir,
mon commerce à faire , le palais à suivre ,
mon régiment à joindre , mes voisins à
ménager ; 3º. parce qu'un ministere éphé-
mere & partagé est toujours peu éclairé,
& qu'on ne fait vraiment bien en France ,
que ce dont on fait son état , ce dont on
répond en personnne.

Je crois que je ne dois plus lire désormais
les procès-verbaux des assemblées provinciales , 1º. parce qu'ils sont ennuyeux ;
2º. parce qu'il m'a paru indécent que vingt
toises de chemin, des étalons , ou tout autre petit objet d'administration , qu'un in-
tendant faisoit faire ci-devant sans bruit ,
y absorbent l'attention de toute une province.

Je crois que l'on a tort de crier contre
la masse des pensions. Sur environ trente
millions qu'il en existe , il n'y en a pas
pour un million d'abusives. Cette somme

n'eft rien dans un auffi grand État ; & il feroit injufte , fous ce prétexte , de porter atteinte à ce qui eft acquis par le mérite. Les penfions font le prix des fueurs , du fang , de la vie de braves citoyens qui ont travaillé à l'édifice qui nous fert d'abri. Elles font l'effet du plus facré des contrats. Y porter atteinte , c'eft attaquer l'autorité dans fon endroit le plus fenfible. C'eft ôter toute confiance , & tout attachement au chef de la chofe publique. C'eft rendre illufoire le plus autentique des titres , le fervice. Les Athéniens s'étoient arriérés en donnant trop de traitemens ; car les peuples & les princes magnanimes , font fujets à cette faute. Ils penferent à les réduire ; Démofthenes s'éleva contre cette parcimonie , prouva qu'il étoit de l'intérêt des Athéniens de fouffrir l'abus , plutôt que d'altérer la confiance dans leurs dons. Athenes obérée & généreufe confirma le décret de Démofthenes , & paya. La France ne doit pas faire moins.

Je crois qu'il ne faut plus faire de renversemens, qu'il faut cesser d'attaquer toutes les conditions & tous les offices, parce qu'en ôtant aux citoyens la confiance dans les places que donne le gouvernement, on ôte à l'autorité ses appuis, & on détourne du service les gens les plus sensés & les plus capables.

Je crois, quoique je ne sois pas commerçant, que si le commerce prospere, je louerai mieux ma maison, je vendrai mieux mes denrées, j'aurai plus de ressources, plus de commodités, plus d'agrémens, l'État plus de sujets & plus de forces : & je souhaite, en conséquence, que le commerce se rétablisse.

Je crois qu'après avoir fait bien des réflexions sur cette profession de foi civile, un très-grand nombre de mes concitoyens finira par l'adopter, en convenant que j'ai raison.

F I N.

www.ingramcontent.com/pod-product-compliance
Lightning Source LLC
Chambersburg PA
CBHW070741270326
41927CB00010B/2060